KB248705

민중과 함께 한
샘터교회 30년

민중과 함께 한 샘터교회 30년

샘터교회 30년사 편찬위원회 편저

동연

샘터교회 30년사를 내기까지…

어떤 경로로 입수 되었는지 모르지만 나의 서재에는 『정릉교회 30년
사』란 책이 있었다. 1977년 발간된 100여 쪽의 조그마한 비매품이다. 이렇
게 적은 쪽수로도 교회사를 편찬할 수 있다는 가능성을 보면서 목회하였
다. 샘터교회를 목회하며 기록을 남길 필요성을 느끼던 차, 지난 2003년에
샘터교회 20년사를 발간하려 했었다. 그런데 여러 여건이 미흡하여 자료
만 모으고 중단하였었다. 그리고 2008년에 샘터교회 25년사를 발간하기
위하여 다시 발동을 걸었다. 그러나 이번에는 교인들의 반응이 시큰둥하
였다. 그러던 사이 연신 동문인 이정미 사모의 남편이 목회하는 '친구교
회' 가 25년사를 발간하여 보내왔다.

그리고 2010년에 발간된 『정동제일교회 125년사』의 제3권 자료편을
보던 중, 1915년에 "『정동교회 삼십 년사』, 강매 저"를 발견하게 되었다.

"강매(姜邁)는 최병헌 목사와 상동교회의 전덕기 전도사 등과 접촉하
는 가운데 그리스도교 신앙을 결단하고 정동교회의 교인이 된다. 1907년,
그는 일본으로 가서 일본대학 고등사범 수법과를 졸업하고 귀국해서 교

육과 민족운동에 헌신한다.

1912년부터 배재학당에 취임하여 20여 년간 봉직하면서 정동교회의 임원으로도 충실하게 봉사한다. 특히 1914년 11월, 현순 목사의 부흥회에 큰 감명을 받아 "믿음의 문으로 들어가게 되었다."고 고백한다. 이듬해인 1915년에 그는 『정동교회 30년사』를 집필하였고, 이 책은 귀한 자료 남게 되었다." [1]

그리고 정동제일교회 역사도 『정동교회 30년사』로 시작하여 계속 정리되고 발간되었음을 알게 되었다. 분명히 『샘터교회 30년사』도 한국 민중교회 운동사에 한 모퉁이를 감당하고 있기 때문에 발간에 의미가 있다고 생각한다.

그러나 우리에게는 『정동교회 30년사』를 썼던 강매와 같은 인물이 없다. 고민하다가 샘터교회를 거쳐 간 모든 이들이 저자가 되어 공동 작업으로 엮어내는 『샘터교회 30년사』를 편찬하기로 정하였다.

김성복 목사

---

[1] http://blog.naver.com/vannews?Redirect=Log&logNo=110052401702

제1부 샘터교회 사람들 이야기

1. 샘터교회 사랑방 _ 11

제2부 화보로 보는 샘터교회 연혁

부록

제1부
샘터교회 사람들 이야기

1. 샘터교회 사랑방

칠천만 민중의 교회, 샘터교회

_ 김성복 목사

교회 회중이 백여 명도 안 되는 교회가 칠천만 민중의 교회라니 말도 안 되는 경우이다. 그럼에도 불구하고 이렇게 칠천만 민중의 교회를 고집하는 이유가 있다.

샘터교회가 개척될 당시 1983년은 전두환 신군부가 1980년 5월 광주민중항쟁을 군홧발로 짓밟고 등장하여 철권통치를 하던 때였다. 민주주의와 인권을 갈망하면서 투쟁하던 시기였다.

연세대학교 신과대학에서 김찬국 교수와 서남동 교수 등으로부터 민중신학 해방신학을 공부한 김성복이 그 동료들과 십정동 산25번지에 예배처소를 마련하고 기독교대한감리회 주안지방 샘터구역 샘터교회로 1983년 4월17일 설립예배를 드렸다.

칠천만 민중의 교회라 함은 자본이 아니라 이 땅에 사는 사람들의 교회라는 것이다. 오늘날은 자본이 지배하는 세상이다. 신자유주의의 미명아래 근로대중이 고통 속으로 내몰리는 세상이다. 이런 세상을 복음으로 극복한다는 의미가 있다.

칠천만 민중의 교회라 함은 노동계급을 위하여 노동계급과 더불어 일하지만 노동계급만의 교회가 아니라는 것이다. 모름지기 교회는 기독교 신앙에 근거하여 참여하는 회중들의 공동체이다. 그가 누구이든지간에 자원하여 참여하는 사람들의 모임이다. 교회는 여성 청소년 어린이 지식인과 민족자본가 등 다양한 계층의 사람들이 다 참여할 수 있음을 의미한다.

결론적으로 칠천만 민중의 교회라 함은 남북의 모든 사람들이 역사의 주인으로 서는 과정에 주체적으로 참여하는 기독교 공동체라는 의미이다. 민중의 자기해방의 역사에 대한 교회의 응답이다. 특히 외세의 침탈과 착취로 소외되고 그 고통 중에 신음하던 민중들이 스스로 주인 되는 세상을 만들기 위하여 나설 때 그 일원으로 함께하는 모임을 의미한다.

칠천만 민중의 교회는 그리스도의 몸 된 교회를 통하여 역사적 사명을 수행하고 정의와 평화 생명의 가치가 실현되는 하나님나라에 참여하는 공동체임을 의미한다. 사랑의 정신을 실천하고 예수의 제자로서 영적 심적 물적 생활에 복음을 통한 새 세상을 이루어가는 것을 의미한다.

이러한 목표를 지향하며 샘터교회는 탄생하였고 성장하여 오늘에 이르게 되었다. 역사의식을 가진 공동체! 민중의 해방운동에 자주적으로 참여하는 사람들이 모이고 격려하며 함께 고난과 희망을 나누는 부활공동체이다.

샘터교회의 역사와 성장 과정

(이 글은 지난 2000년경 샘터교회를 신동아 상가로 이전하면서 홍보용으로 작성한 글입니다. 이 글 속에서 우리 교회의 발자취를 찾을 수 있어서 게재 합니다)

샘터교회는 지난 1983년 4월 17일 부활절 다음 주일에 창립되었습니다. 십정동 산25번지에서 개척을 시작하여 '섬기며 나누는 교회' 로서 하나님께 예배하는 신앙 공동체임과 동시에 지역사회의 가난한 사람들과 사랑을 나누는 봉사 공동체로 성장하여 왔습니다.

샘터교회는 두 개의 건물이 있습니다. 첫째는 신동아 상가 4층에 있는 50여 평의 아담한 예배당을 분양 받아 사용하고 있습니다. 둘째는 십정1동 191-16에 있는 사회봉사관입니다. 본래 이 건물은 샘터교회 예배당이었으나 지금은 샘터어린이집과 샘터초등어린이집 그리고 샘터경로식당으로 운영되고 있습니다. 이 곳 에서 예배를 드리다가 예배당이 너무 좁아서 넓은 곳을 찾다가 신동아 상가 4층에 새로운 예배처소를 마련하게 된 것입니다. 우리 교회는 사회봉사를 하는 가운데 성장한 교회입니다.

샘터교회는 예수 그리스도의 신앙에 기초한 공동체입니다. 우리는 요한 웨슬리의 정신을 실현하는 감리교회로서 강한 자부심과 새 시대를 선도하는 긍지를 가지고 있습니다. 또한 그리스도 안에서 하나라는 일치의 정신을 구현하기 위하여 교회연합 운동과 한 몸 만들기 운동에 적극적으로 참여하고 있습니다.

샘터어린이집은 24시간제로 운영되는 비영리법인 정부지원시설입니다. 인천 최초로 24시간 동안 아동들을 보육하는 시스템을 개발하여 여러 조건 속에 맞벌이하는 부모들의 걱정을 덜어 드리고 있습니다. 아울러 초등학교에 입학한 자녀들을 돌보아 주기 위하여 전국 최초로 초등어린이집을 설치하고 방과 후 아동들을 보육하고 있습니다.

샘터경로식당은 월요일부터 금요일까지 결식노인 40여명에게 식사를 제공하며 20명의 거동이 불편하신 노인들에게는 직접 배달까지 해 드리고 있습니다. 이 사업은 부평구청의 지원과 여러 자원 봉사자들의 도움으로 어려운 여건 가운데에서도 진행되고 있습니다. 이 글을 읽으신 분 중에서 도움을 주실 분들은 522-9920이나 501-8046으로 연락을 주시면 고맙겠습니다.

샘터교회 주일 예배에 대하여

우리 교회에서 처음 예배를 드리신 분들 중에 어리둥절하시는 분들이 많습니다. 분명 감리교회인데 기존의 예배 순서와 차이가 많이 나기 때문입니다. 먼저 우리는 기독교대한감리회 예배서(1992년 선교국 간)를 바탕으로 '교회력과 절기에 따른 성만찬 예문집'(1998년 홍보출판국 간)과 리마 예식서(NCC 한국기독교교회협의회 간)에 근거하여 제정한 것입니다. 그렇기 때문에 가톨릭교회나 성공회, 그리고 루터교회 교인들도 함께 드릴 수 있는 예배입니다.

그리고 우리 교회의 예배는 교회력을 따르면서 절기를 지키려고 노력

합니다. 대강절(대림절)과 성탄절, 주현절과 사순절 그리고 부활절, 성령강림절과 창조절 혹은 왕국절의 절기를 지킵니다. 여기에 추수감사주일 등 특별주일 행사가 매주 진행됩니다.

또한 우리 교회 예배에서는 교회력에 의한 성서일과(Lectionary)를 사용하여 매 주일 마다 구약과 사도서신 그리고 복음서 말씀을 봉독하고 설교로 증거 됩니다. 이 성서일과는 감리교 강단과 목회에 수록된 것을 거의 그대로 수용하여 사용합니다. 이러한 성서일과를 사용하는 교회들이 늘어감에 따라 매 주일 마다 같은 본문을 대하는 교회들이 늘어가고 있으며 그리스도 안에서 일체감을 맛보고 있습니다. 머지않은 장래에 모든 감리교회뿐만 아니라 장로교 성공회 정교회 가톨릭교회까지 같은 본문으로 주일예배를 드리는 날이 오게 될 것입니다. 우리는 그리스도 안에서 하나입니다.

우리는 매 주일 마다 성찬식을 거행하고 있습니다. 10년 넘게 이 전통을 지켜오고 있습니다. 그러나 이것은 본래 초대교회부터 모일 때마다 떡을 떼었던 전통을 따라 행하는 것뿐입니다. 더구나 루터나 칼빈 그리고 요한 웨슬리의 종교개혁정신에도 성찬식은 강조되고 있습니다. 감리교의 창시자 웨슬리는 매주일 마다 성찬식에 참여하였으며 감리교도 들에게 이 성찬식과 세례를 집례 시키기 위하여 목사안수를 거행하였던 것입니다. 그러나 미국의 감리교회는 이 전통과 정신을 잃어버린 채로 우리에게 복음을 전해 주었습니다. 이제 한국 교회는 미국교회의 그늘에서 벗어나서 성경의 가르침과 복음의 본래적 의미로 돌아가야 합니다. 그런 의미에서 우리 교회의 예배는 말씀만을 강조하는 예배에서 말씀과 성만찬을 중심으로하는 예배를 드립니다.

성찬식에 참여하는 방법

1. 성만찬 예전의 순서를 따라서 인사와 제정사, 그리고 성령 임재의 기원을 드립니다. 이 순서는 기독교대한감리회 홍보출판국에서 발행한 성만찬 예문집에 나와 있는 순서를 따라서 절기에 따라 약간의 변화를 주어 만들어 진 것입니다. 이것은 또한 세계교회협의회WCC의 리마 예식서와도 일맥상통하며 초대교회의 순서를 가장 올바르게 복원한 것입니다.

2. 순서에 따라 성찬 분배 순서가 되면 세례 받은 자들이 성찬상 앞으로 나옵니다. 중앙에 있는 붉은 색 카페트 위로 걸어 나옵니다. 성찬상 앞으로 나아 오면 두 손을 펴고 왼 손의 손바닥을 위로하고 오른손을 펴서 왼 손을 받쳐서 떡(그리스도의 몸: 성체)을 받습니다. 그 다음 오른 손으로 그 떡을 취하여 먹습니다. 왼손잡이는 반대로 행하면 되겠습니다.

3. 그 다음은 옆에 서 있는 성찬 보좌위원들에게로 가서 포도주 잔(그리스도의 피: 보혈)을 오른손 손가락으로 잡고 왼손으로 받혀 들어서 마십니다. 이 잔은 새 언약의 잔을 의미합니다. 그리고 뒤로 돌아서 좌우의 통로를 이용하여 자리로 돌아가서 앉습니다. 끝날 때까지 찬송을 같이 부릅니다.

우리는 초대교회의 예배를 복원하고 그것을 지키고자 노력하고 있습니다. 행여나 미국식 예배를 정통이라고 생각하시고 우리의 예배를 어색하게 생각하시는 분이 있다면 올바로 이해하여 주시면 대단히 고맙겠습니다. 우리는 미국교회가 전해준 복음은 감사하는 마음으로 받아들이지만 그들이 무시하고 버린 것을 회복하여 온전하게 해야 할 책임이 있습니다.

열린 마음 열린 신앙

기독교인들이 너무 독선적이라고 합니다. 신앙을 갖는 것은 좋은 데 자기 믿음만이 최고라는 생각에 잡혀 있어서 다른 종교나 다른 신앙에 지나칠 정도로 배타적이라는 것입니다. 나의 정체성(Identity)을 바르게 확립해야 하지만 남을 존중할 줄도 알아야 나도 존중받는다는 것을 깨달아야 합니다.

저희는 이제 한국의 교회와 기독교가 달라져야 한다고 생각합니다. 많은 숫자의 교인에 초점을 두는 것이 아니라 관용을 베풀 줄 아는 성숙한 신앙인을 목표로 다시 출발해야 한다고 믿고 있습니다. 아울러 사회적 불의에 대해서는 철저하게 비타협적인 자세를 지키고 의를 위해서는 헌신하는 삶의 자세를 강조하여 신앙훈련을 하고 있습니다.

성령이 하나이듯 교회도 하나다!

교회는 하나입니다. 본래 그리스도의 몸으로써 교회는 지체는 여럿이지만 몸은 하나입니다.

하나의 교회!

그러나 우리 한국 교회는 미국교회의 교파주의를 그대로 답습하여 갈래갈래 찢겨져 있습니다. 장로교 성공회 감리교 구세군 성결교 침례교 오순절교회 순복음교회 등 등......

이러한 각각의 교파들이 너도나도 신학교를 세우고 그 배출된 신학생들이 교회개척을 하다보니 갖가지 부작용이 생기고 있습니다.

오늘날 복음 전도의 장애물은 다름 아닌 교회성장주의자들이 만들어 낸 것입니다. 너무 많은 신학교들, 과잉 양산된 신학생들, 한 동네에 너무 낮은 숫자의 교회 난립, 너도나도 살아 남아야 하기 때문에 목회 윤리는 무너지고 교회 성장을 위해서 수단과 방법을 가리지 않는 현실, 그로 인한 교인 쟁탈전.... 대형버스를 운행하다 못해 스크린으로 드리는 예배들, 여름 성경학교 때에 이 교회로 저 교회로 몰려다니는 아이들, 사회에 대해서 이렇다할 봉사사업 하나 제대로 못하는 교회들......

"기독교인, 당신들도 별 수 없군요......" 이것이 요즘 우리를 향해 사회 사람들이 말하는 따끔한 지적입니다.

어디 누구 없소? 이 모든 문제들을 같이 풀어가며 진리를 찾아 나설 자!!

열린 예배 열린 교회
샘터교회는 여러분을 기다리고 있습니다.

여러분 안녕하세요?

_ 이은미 권사

올해로 우리교회가 30년 역사의 획을 긋게 되었다.

십정동 산191번지 만화가게 터를 200만원 전세로 얻고 바닥을 쓸고 닦아 장판을 깔고 그 위에 다시 방석을 깔고 무릎을 꿇고 예배를 드리기 시작했던 그 때가 1983년이었는데….

번번한 유아보호시설이나 유치원이 없던 동네에서 우리교회는 개척 초기부터 동네 어린아이들을 모아 '샘터 선교원' 이라는 이름으로 양육하고 보호하였다.

정식교사를 채용할 여유도 없고 어린이들만의 공간을 따로 마련할 형편도 못되었지만 자원봉사로 일하는 선생님들이 보수도 없이 진심으로 아이들을 돌보아주었다.

지금은 뜨란채 주공아파트가 들어서서 자취를 찾아볼 수 없게 된 초창기 우리교회는 동네에 어린아이 뿐 아니라 초등학교 아이들도 꽤 많았고 그 아이들이 교회학교 아동부를 구성하였다.

이번 주에는 우리교회, 다음 주에는 에덴교회, 그 다음 주에는 새생명교회로 두루 돌아다니는 아이들도 있었고 '어디가 너희 교회인지 분명히 하라.' 고 그 아이들에게 호령을 하는 아이들도 있었다.

1984년 겨울이었던 것으로 기억되는 때, 성탄잔치를 준비하며 아이들에게 정성껏 여러 가지 프로그램을 연습시키면서, 잔치를 여는 인사는 유치부 권윤오의 더 어린 동생인 권오수에게 시키기로 했다. 아마 윤오가 6살, 동생 오수는 4살 정도 되었던 것 같다.

"여러분 안녕하세요. 오늘은 참 기쁜 날이에요~~!"

이제4살인 오수는 '여러분 안녕하세요. 오늘은 참 기쁜 날이에요~~!'로 인사를 시작하면서 야무지게 연습에 임했다.
드디어 성탄전야잔치가 열리는 12월 24일 저녁시간이 도래하였다.
막이 열리고 한복을 입은 오수가 무대에 섰다.
모든 이들이 오수를 향해 뜨거운 격려박수를 보냈다.

"여러분 안녕하세요! 오늘은 참 기쁜 날이에요…"
"여러분 안녕하세요! 오늘은 참 기쁜 날이에요……"

그런데 오수의 인사말은 거기서 더 진행이 되지 않고 똑같이 반복되었다. 게다가 얼굴이 일그러지며 빨갛게 변해가더니

"여러분 안녕하세요! 오늘은 참 기쁜 날이에요……" 앙~~~~

하며 울음을 터뜨렸다.
성탄잔치에 참여한 교우들, 부모님들, 교사들이 모두 당황하는 순간이

었다.

"앙~~~오줌 마려워!!! 오줌 쌀 것 같단 말야!! 앙~~~~~~"

오수는 오줌이 마려운 걸 참으면서 열심히 연습을 했고, 선생님도 오수
가 오줌을 참고 있는 것을 전혀 알아채지 못하고 오줌을 쌀 지경까지 이른
상태에서 무대에 서게 된 것이었다.

오수는 한복바지춤을 잡고 선생님과 함께 바깥의 화장실로 뛰어나갔고
9평짜리 예배실은 한순간 깔깔대는 웃음소리로 가득 차게 되었다.

잠시 후 시원하게 용변을 보고 들어와 다시 무대에 선 오수는 인사말을
계속했고 성탄잔치는 아무 일 없던 듯이 진행이 되었다.

"여러분 안녕하세요! 오늘은 참 기쁜 날이에요. 예수님이 이 세상에 오신 것
을 감사하는 잔치를 마련했어요……!"

윤오와 오수는 그 후 이 동네에서 이사를 갔지만 어느덧 30대 중반을 넘
어선 성인이 되어 한 가정의 가장들로 살아가고 있다는 이야기들이 들려
온다.

잊을 수 없는 권사님들

_ 이은미 권사

1983년 200만원을 얻어서 9평짜리 만화 가게 터에 교회를 개척하고 목회를 시작했을 당시 내게는 가난한 '담임전도사의 아내' 외에 우리 집의 가장이라는 역할이 하나 더 주어졌다.

만원 전철과 버스 그리고 도보로 왕복 4시간가량을 서울에 있는 학교로 출퇴근하는 교사인 나는 '생계형 교사'였다.

교회를 창립하던 해에 결혼을 해서 아직 미숙하기만 한 결혼 새내기인 나는 부흥회를 인도하러 오신 부흥강사님을 우리 집에 모시며 숙식을 담당하는 일, 교회학교 아이들을 가르치는 일, 시시때때로 찾아오는 남편의 후배들을 대접하는 일, 교회 청소를 하는 일들을 나름대로 즐겁게 열심히 하며 출퇴근 시간을 포함한 순간순간 길을 갈 때나 차를 타고 갈 때 간절히 기도를 드렸다.

"하나님, 우리에게 조그마하더라도 우리의 땅을 허락해주세요.
지하실을 파든 아니면 천막이라도 치고 예배를 드리겠습니다. 우리에게 땅을 허락해 주세요!!"

만화가게 터에 시작한 교회의 첫 장소가 된 집이 팔리는 바람에 근처의 작은 상가 2층으로 교회를 옮겨 예배를 드리던 우리에게 목회 시작 2년 만에 하나님의 사랑으로 기적 같은 과정을 통해 정말 땅을 사게 되는 기쁜 일이 생겼다.

그 땅에 아직 교회를 지을 형편은 못되지만 바라보기만 해도 감사한 일이었다.

우리는 놀고 있는 그 땅에 무엇을 하면 좋을까 궁리하다가 동네 아이들을 돌보던 선교원 운영비와 땅을 사는 과정에서 얻은 빚을 갚기 위해 중고 봉고차를 한 대 사서 그 땅에 빈 병을 수거해 놓고 분류해서 파는 일을 시작했다.

남편이 선교원 아이들의 운행 시간 외에, 빈병을 가져가도록 허락받은 약국을 돌고 와 병을 쏟아놓으면 개척 당시 우리와 함께 하시며 도와주시던 시이모님과 이모부님이 자리를 잡고 앉으셔서 종일토록 그 병들을 다 분류해 주셨다. 담배꽁초도 들어있고 쓰레기와 가래침이 함께 섞여있는 병들을 닦고 같은 종류별로 구분하는 일들이 결코 쉬운 일이 아니었지만 그 분들은 ‘가져오게 해준 것만도 고마워해야지’ 하시며 교회를 위해 묵묵히 헌신하셨다.

그렇게 해서 병을 판매한 돈은 우리교회와 선교원에 요긴하게 쓰였다.

그러나 아무 비빌 언덕도 없이 가난한 동네에서 시작한 목회는 어려울 뿐이었다.

지쳐있는 우리에게 어느 날 누군가 ‘인천에 좋은 일을 많이 하시는 권사님 부부가 계신데 그 분들을 찾아가서 도움을 요청해 보라’ 는 이야기를 해주었다. 그렇게 해봐야겠다는 마음을 먹고 있던 어느 주일에 말쑥한 지성인으로 보이는 부부가 상가2층의 우리교회에 오셔서 함께 예배를 드리셨다.

예배를 마치고 이야기를 나누다 보니 그 분들이 바로 우리가 찾아가 뵈려던 그 권사님 부부가 아닌가! 우리가 찾아가 부탁드리기 전에 먼저 우리를 찾아 와 주신 놀라운 우연의 일치 속에는 우리를 극진히 사랑하시는 하나님의 인도하심이 있었던 것이다.

인천에서 치과병원을 운영하시는 그 분들은 순수하고 때 묻지 않은 목회를 시작한 젊은 목회자가 있다고 해서 찾아오셨다고 했다.

사회적 지위로 보나 신앙의 연륜으로 보나 아무 부족함이 없으신 분들이지만 작고 보잘 것 없는 우리교회를 손수 찾아오신 그 권사님 부부는 어머니까지 모시고 오셔서 예배를 함께 드리는 것 외에 우리 교우가 되셔서 겸손한 자세로 인생의 선배로서, 지도자로서, 부모처럼, 형제처럼 무한한 사랑을 베풀어 주셨다.

또한 그분들로 인해 그분들과 가까이 지내시는 훌륭하신 권사님 내외분들이 함께 오셔서 행복하고 감사한 믿음의 본을 보여주셨다.

여선교회의 일, 찬양대의 일, 교회봉사의 일, 영적인 훈련의 일 등 정말 모든 면에서 귀감이 되셨고, 우리교우들에게 좋은 모델이 되어주셨다.

1986년 우리는 귀하게 산 그 땅에 지하실을 파고, 나의 간절한 기도였던 천막을 치는 것 그 이상을 넘어서 1층에 예배실을 짓고, 2층에는 비록 조립식 건물이지만 선교원을 지어 동네 아이들을 돌보게 되었다. 그때까지 오랫동안 우리와 함께 하시던 그 분들은 다른 교회로 이명하여 가셨고 몇 해 전에 장로님이 되셨고, 은퇴를 하셨고 지금도 아름답게 인생을 살고 계시다.

이제는 우리와 함께 신앙생활을 하고 계시지는 않지만 어린 철부지 목회자 부부를 도와서 샘터교회 역사의 한 장을 귀하게 장식해 주셨던 그 권사님들을 지금도 잊을 수 없다.

영원히 잊어서는 안 되는 귀한 그 분들을 목회여정의, 인생의 멘토로 존경하며 늘 그 분들을 닮아가려고 노력하고 있다.

감사합니다, 존경하고 사랑합니다, 신호용 장로님, 최영자 권사님, 유병희 권사님, 이청래 권사님!

여선교회 주역들의 이야기

_조유순 권사, 김옥자 권사

이 글은 지난 2월27일 조유순 권사님과 김옥자 권사님 댁에 심방하여 대화한 것을 다시 편집한 것이다. 녹음에는 김신애 목사님, 녹취에는 김소영 선생님이 수고하였다.

김성복 목사(이하 김성복): 오늘은 지난 30년간에 샘터교회에서 있었던 일을 중심으로 이야기를 나누고자 합니다. 여선교회 주역이셨던 두 분께서 경험한 일을 말씀하여 주십시오.

조유순 권사(이하 조유순): 여선교회에 일한 게 많이 있습니다마는 우선 떠오르는 것이, 목사님께서 기억하실는지 몰라도, 8월 15일 광복절에 남북 손잡기 대회에 참석한 것입니다. 그런데 무슨 사정이 생겼는지 그 전날 밤 11시에 목사님께서 도시락 좀 싸주시면 안돼요 하고 말씀하셔서 밤새 준비해서 다녀왔지요. 그때는 그래도 또 교회 근처에 옹기종기 다 모여 살았기 때문에 가능한 일이었어요.

김옥자 권사(이하 김옥자): 그리고 그때는 젊었잖아요.

조유순: 그런 일을 몇 년을 했잖아요 온 겨레 손잡기 대회가 한번으로 끝난게 아니었어요. 근데 그렇게 고생했던 게 기억에 더 많이 남더라구요. 목사님께서 5분만 도와 주세요 10분만 도와 주세요 하면 5분이 아니라 3시간 걸리고 했지요. 그래도 즐겁고 행복했던 시간들 이었습니다.

김옥자: 근데 그때도 일꾼들 참 손발이 잘 맞았던 거 같아요.

조유순: 그리고 그때는 너 나가 없이 무슨 일 딱 하면 다 내 일로 받아들이고 했어요. 그 때가 좋았던 거 같아요. 근데 지금은 아니야 다들 자기일 중심이고 또 생각이 달라요. 옛날하고 지금하고 완전히 다르더라고요.

우리는 교회 일을 먼저 해야 된다고 생각했고 직접 일을 했는데 근데 지금은 돈으로 하려고 해요.

조유순: 여선교회에서 별거 다 했어요. 미숫가루를 여선교회에서 만들어서 그걸 팔기로 하는데 미숫가루 재료를 여기저기서 사가지고 와서 준비했지요. 나는 집 옥상이 있으니까 옥상에다가 재료를 펼쳐놓고 먼지 낀다고 다 씌우고 그걸 합쳐서 빻아가지고 파는 거지요. 그게 수익이 좋았어요.

한여름에 닭 삶아 가지고 복날 돌렸던 기억이 있어요. 지금 현재 주공 뜨란채 아파트 들어온 산동네에 복날에 닭을 삼계탕 해서 드시라고 돌린 거죠.

생닭하고 쌀 조금하고 돌렸던 거 같아요. 독거노인을 중심으로 돌보아 드렸지요.

김성복: 단오날 경로잔치 하면서 우리 그 넓은 교회마당에서 줄넘기 하면서 넘었던 기억나세요?

무대 설치해놓고…….

조유순: 그 때 단오 경로잔치 말고도 진짜 여선교회 일 참 많이 하고 잘도 놀고 했어요. 그리고 옛날에 우리 어린이집 짓기 전에는 여러 가지로 행사가 많았잖아요.

옛날에 데모하면 샘터교회였다고 말하지요.

우리 교회 앞에서 경찰이 많이 막기도 하였죠.

경찰이 못 들어가게 딱 차단하는 거야 그래서 왜 그러냐고 애들은 놀이터에서 노는데 들어가면 안 되냐고 말했지만 안 된다고 막았어요.

그 당시에 샘터교회 요주의 인물들이 많이 있었어요.

굴업도 핵폐기장 반대할 때, 주안 시민 회관 가가지고 시위도 했고요.

백운역에서 핵폐기장 반대 서명 운동할 때 저는 어떤 분들이 둘이 있길래 서명운동에 서명 좀 하세요 말하면서 끌고 왔더니 경찰이었어요.

경찰복 입었으면 알아봤을텐데 사복경찰이었죠.

진짜 서명운동 그때 많이 하고 다녔던 거 같아요.

지금 성당 동인천에서 성당 답동성당 몇 번 갔잖아요.

거기 어디 주민들 와서 덕적도 주민들인가, 주민들 많이 와가지고 데모 농성 하는데 라면 들고 여러 번 갔어요.

그분들 그냥 바닥에서 주무시고 막 그때 그러셨잖아요.

김옥자: 저는 거기 안가고 시민회관에서 다 모여서 집회 할 때는 갔어

요. 그때는 서명하는 것이 아니고 그냥 집회였던 거 같아요.

우리는 옛날에 코란도 차 끌고 거기에 책상하나 싣고 끌고 다니면서 서명운동 다녔잖아요.

김성복: 훗날 덕적도 주민들께서 감사의 뜻으로 덕적도에서 딴 굴을 보내오셨어요. 그 굴을 나누어 먹으며 얼마나 신이 났었는지 모릅니다.

조유순: 샘터교회에서 별일을 다 했어요. 정말 갖가지 일을 했어요.

교회 다니면서 그때 전에 살았던 삶과 달랐던 삶을 살았어요. 참 생각을 해보지도 않은 일을 해보고 서명도 하고 산동네 올라갔다오고.... 근데 그때는 하자하면 다 했던 거 같아요.

조유순: 옛날에 우리교회가 지상2층에 그리고 지하에 생명수 교회하고 같이 있을 때였어요. 동네 미장원 미용사가 생명수교회 집사님이었는데 내가 샘터교회 교인인줄 모르고 "아우 거 2층은 깡패소굴이야" 그러는 것이었어요. "젊은 목사가 깡패두목 키워, 거기 옥상에 가면 거기 할머니가 또 깡패들 잡아다 키워" 하는 거예요. 근데 내가 또 깡패 소굴에 갔거든요.

김성복: 우리 교회 나오는 청소년들이 동네에서 싸움이 붙었었어요.

제가 심방 가다가 우연히 보고서 '너희들 거기서 뭐 하냐' 했지요.

애들이 크게 싸움 날 뻔 했다가 그 말 한마디 했더니 조용히 갔어요. 그날 이후로 깡패두목이라고 소문이 났지요...

김옥자: 나중에 말 들으니까 강순심 권사님께서 애들이 먹을 것도 없고 갈 곳이 없으니까 국수도 끓여주고 그랬데요. 그러니까 깡패소굴에 할머니가 데려가 먹여 키우고 한다는 소문이 돌았지요.

김성복: 우리 애들 가운데는 학교 중퇴가 많았어요. 그 청소년을 위해서 야학을 했어요. 한자교실, 법률상식 등을 가르쳤지요. 생활야학이나 노동야학이나 그거가지고 치열하게 싸웠어요. 이제 김옥자 권사님 우리교회 오시게 된 이야기 들어볼까요?

김옥자: 저도 샘터교회 온지 20년 됐어요.

저는 삼성동에 있는 삼성감리교회 다니던 교인인데 그게 지금은 분당으로 갔어요. 분당으로 가기 전 거기서 참 훈련을 잘 받았어요. 거기서 굉장히 자극을 받았고 거기서 속회를 통해서 속장님을 통해서 너무 많이 배웠어요. 속장이라는 역할 이런 것들을 깊이 가르쳐주고 당시에 속회를 굉장히 깊이 있게 했어요.

외동 딸 유리는 친구 따라서 샘터에 보내게 되고 그러면서 얘가 이제 교회학교에서 행사하니까 그럴 때만 갔었어요. 그러다가 샘터교회에 등록하게 된 것이죠.

김성복: 그 분당으로 이사 간 삼성교회 권혁구 목사님은 감독이 되셨지요...이제 또 다른 이야기 좀 할까요?

조유순: 그 당시에는 여름성경학교 때에도 교실이 부족해 가지고 왕재경 권사님네 집과 우리 집 나눠서 했었어요. 가까운데 있었기에 우리 집도

방3개 다 내주고 그랬어요. 그때는 참 재미가 있었던 거 같아요.

우리 집이 정거장이었어요. 오며 가며 일요일 예배 후에도 우리 집에서 다 모이고 성가연습 끝나고 우리 집에서 모였어요. 옛날에 이세구 전도사님 사모님이랑 저녁예배 끝나고 와 커피마시고 갔지요. 커피가 맥스웰 그 병 있잖아 한 달에 3개씩 먹었거든요. 어떨 땐 이선옥 권사님이 한 병씩 사와서 보충해주곤 했지요. 돌이켜보면 힘들었지만 보람되고 기쁜 일의 연속이었습니다. 하나님의 은혜입니다. 감사합니다.

강순심 권사님

_ 이은미 권사

펄펄 끓여 후딱 찬물에 헹궈
따끈하게 말아 낸 국수 그릇 속에
풍년이란 이름 담겨있다

깊이 묻은 항아리 속 얼음 뜬 동치미처럼
톡 쏘는 가르침 속에
호랑이란 별명 녹아있다

갯마을 밭이랑 속에서 굵어진 손과 발
무소유의 참 진리 깨달아
일찌기 홀로 자유로와 지더니

복음의 밭에서
희망을 캐고 사랑을 심으며
새로운 생을 엮어간다

아무것 없어도 빙그레 뚝딱 만들어 내는

작은 방 한 칸 속의 큰- 할머니

손 끝에 닳은 성경책 갈피마다

무릎 꿇는 두 손 마디마다

예수님의 향기 풍겨난다

강순심 권사님

하나님과 동행해 온 길

_ 김남수 장로

제가 오늘 이 글을 쓰기까지 주님의 도우심과 사랑이 얼마나 오묘하고 깊은지요. 그 은혜를 몸소 체험해 왔던 인생의 굽이굽이마다 감사와 기쁨이 넘쳐남을 전할 따름입니다. 특별히 부모님들의 정성어린 기도가 후손들에게, 저에게 얼마나 영향을 크게 미쳤는지 모릅니다. 아버님 김덕현 장로님은 국가공무원으로서 강원도 철원군 지적과장을 끝으로 공직생활을 마치고 지적협회 삼척군 출장소장으로 재취업 하셔서 우리 가족들을 책임지시며 명예롭게 은퇴하셨습니다. 뒤에서 늘 기도로 자식들과 후손들의 안녕과 번영을 위해 주님께 간구하며 금란교회 장로의 직임을 마치셨습니다. 어머님 박효강 권사님은 365일 새벽재단을 지키며 저희들을 위해 기도하셨습니다. 교회에서도 늘 봉사와 헌신으로 함께하시고 밖으로는 사회와 한국부인회(육영수 여사 총재) 활동으로 늘 바삐 다니셨는데 그 모습이 지금도 눈에 선합니다. 이런 부모님의 선하신 믿음을 바탕으로 우리 형제 5남매는 누구 하나 비뚤어지지 않고 지금까지 믿음생활 잘 하며 건강히 잘 지내고 있습니다. 저는 신영관 목사님이 인도하셨던 부흥회에 참석했다가 주께서 살아 역사하신다는 확신을 얻고 성령의 강한 체험을 갖게 되었습니다. 그 때 같이 참석했던 동창생 친구는 지금도 아련하게 기억납니다. 이제 와 돌아보니 주님이 저를 택하시고 부르시고 준비시키신 모든 섭리는 부모님의 기도에 힘입은 것이었다고 고백할 수밖에 없습니다.

전차부대에서 겪었던 군 생활도 주님의 아주 특별한 인도하심 가운데 주일마다 교회에 참석하며 지냈습니다. 그리고 1979년 군 전역 후에는 경남기업에 입사하여 전국 현장을 누볐는데 당시 전북 고창에 영광 원자력발전소에 냉각수를 보낼 맑은 물을 저장하는 댐을 건설하는 현장에 갔다가 지금의 아내 조유순 권사를 만났습니다. 그 때는 시골 처자들도 모두 경제활동을 위해 대도시로 상경하는 추세였는데 순박하게 고향을 지키는 몇 안 되는 처녀 중 하나였습니다. 종교가 없었는데도 남편 만나 결혼하면서 예수 믿기로 결심해 준 아내에게는 지금도 너무나 고맙습니다.

그러던 중 1986년, 경남기업을 퇴사하고 한신공영에 입사하면서 용인 양지에서 인천 십정동으로 이사하는 '대사건'이 발생하였습니다. 그때 딸 창희와 아들 민구가 샘터 선교원에 다니면서 가족 전체가 자연스럽게 샘터교회를 섬기게 되었습니다. 그러나 그것도 잠시 88년, 89년도에는 제주로 발령 나는 바람에 섬 생활도 했습니다. 제주에서는 쉬는 날에는 한라산도 등반하고 마라도, 성산일출봉, 산굼부리, 산방산 등 모든 곳을 여행하며 지내다가 인천으로 돌아왔습니다.

그렇게 다시 이어진 샘터공동체에서의 믿음생활에서 친분을 나누었던 청장년 회원들은 지금도 정기적인 모임을 통해 만나며 서로 믿음의 조언을 주고받고 긴밀하게 기도하고 염려하며 교제를 이어가고 있습니다. 야외예배, 운동회, 단오절 축제, 크리스마스 전야제, 즐겁고 행복했던 모든 일들이 주마등처럼 지나가면서도 한편으로는 부족한 영적 생활로 갈급했던 성령체험과 깊이 있는 기도, 서로간의 갈등, 자제했으면 더 좋았을 사건 모든 것이 아쉬움으로 남습니다. 아마도 제일 안타까운 일은 청장년시절 처음으로 행사를 기획하고 추진했던 학암포 전교인수련회 사건입니다. 우리는 그때 존경하고 교회의 큰 일꾼 큰 기둥이셨던 권평환 장로님의 뜻하지 않은 사고와 소천을 경험하게 되었습니다. 크지 않은 공동체에 큰 충격으로 다가왔습니다. 한동안 전교인 수련회는 개최되지도 못했고 입밖에 내는 일 조차 서로 삼가는 분위기였으니까요. 그 이후로도 오랫동안 샘터를 지키면서 같이 즐겁게 믿음생활하며 안부를 묻고 물어주던 집사님, 권사님들이 어느 날 갑자기 하늘나라로 떠나시던 모습이나 직장이나 여러 사정으로 인해 멀리 이사 가시는 여러 아쉬운 작별을 지켜야 했습니다. 인연의 끝을 맺는 모든 경험들이 지금껏 안타까움으로 남아 있습니다. 또 섬기시던 성 모, 이세구, 지선화, 김희태, 안순남, 김광석, 윤치환 전도사님 등 많은 교역자님들도 종종 생각나 기도합니다. 지금은 떨어져 있지만 모두들 샘터를 위해 지금도 기도해 주시리라 믿습니다.

저를 1998년부터 장로로 세워주시고 오늘까지 기도와 말씀으로 지도를 아끼지 않으신 목사님과 사랑 많으신 교우님들께 늘 감사드립니다. 이렇게 저렇게 많은 일들을 겪으며 봉직하는 동안 열심을 다하기로 늘 다짐하지만 부족한 점이 많습니다. 오랜 세월이 지나 이러한 사람도 있었다는 기억을 남기게 된다면 그걸로 족하다 생각하며 끝까지 충성으로 샘터교회 식구들과 동고동락하게 되길 바라마지 않습니다. 모든 교회의 건물과 땅을 어린이집과 봉사관으로 봉헌하고 지금은 상가에서 예배를 드리고 있기에 열악한 시절을 보내는 중에 지금 이 자리에서 묵묵히 샘터 제단을 지키는 모든 교우 여러분 한 분 한 분을 떠올리며 사랑하는 마음, 존경하는 마음을 금할 길 없습니다. 언젠가 큰 교회로 성장하여 큰 교회를 건축하여 봉헌할 날이 올 것이라 믿습니다. 앞으로 주님 오실 그날까지 샘터교회가 30주년 아니라 100주년 아니 1,000주년이 되도록 굳건한 모습으로 성장해 나가길 기원합니다.

기도하는 김남수 장로님

실종된 담임 목사님

_ 이은미 권사

1987년 서울대생 박종철 군의 고문치사 사건이 터졌을 때의 일이다.

우리교회 옆의 서부교회 홍순욱 목사님을 강사로 모시고 부흥회(3월2일~5일)를 개최하게 되었다. 홍 목사님은 우리 교회 김성복 목사님의 선배 목회자이시기도 하고, 제물포 고등학교 선배이시기도하여 늘 우리를 격려하시고 아껴주시는 분이다.

부흥회 둘째 날 집회가 시작되기 전, 강사 목사님이 오셨는데도 남편인 담임 목사님은 나타나지 않았다.

나도 학교에서 퇴근을 하고 저녁이 다 되어 돌아 온 터라 부흥회를 앞둔 담임목사님이 어디 갔는지 알지 못했고 멀리 가지는 않았겠지 하며 기다렸지만 부흥회 시작 시간인 7시 반이 거의 다가오도록 목사님은 교회에 나타나지 않았다.

"어머 어찌 된 거지?" "무슨 일이 있는 건가?"

걱정이 되는 순간 한 통의 전화가 걸려왔다.

“서울 중부 경찰서입니다. 김성복 씨가 이곳에 연행되어 있습니다. 교회에 중요한 행사가 있다고 하는데 참석하지 못할 것 같다고 전해달랍니다.”

오호 애재라! 알고 보니 그는 박종철 군의 49재 기념행사에 참석하러 서울에 가서 진상 규명을 요구하는 시위에 참석했다가 행사를 제지하는 경찰에 의해 경찰서로 연행되어 올 수 없는 상황에 놓인 것이었다.

부흥강사님의 이해로 부흥회는 진행되었고, 부흥회를 마치고 부흥강사님께 차를 대접하며 우리는 너무 죄송하다는 사죄의 말씀을 드렸다. 교회 창립시절부터 우리와 함께 하시며 교회의 많은 일을 돌보아 주시던 강순심 권사님(김성복 목사의 이모)께서 중요한 교회 행사를 앞두고 그런 행사에 참석한 조카를 책망하는 말씀을 하셨다.

앗! 그 순간 쨍그랑~하고 부흥강사님이 찻잔을 집어 던지시며 큰 소리로 강 권사님을 나무라셨다.

“아니~! 김성복 목사가 나쁜 일로 잡혀간 것도 아니고 나라를 위해 옳은 일을 하다가 잡혀가 있는 건데 그게 어찌 흉이고 잘못이란 말입니까? 그렇게 말씀 하시면 안 되는 겁니다. 아시겠어요, 권사님!!!”

부흥강사님께 너무 죄송하여 몸 둘 바를 모르고 담임목사님을 원망하는 마음만 가득하던 우리는 감사해야 하는 건지, 사과를 해야 하는 건지 그저 몸 둘 바를 모르며 부흥강사님과 우리교회 터줏대감님이신 강 권사님의 눈치를 번갈아 볼 뿐 이었다.

태중에 있는 둘째 아이도 뱃속에서 요동을 치며 긍정인지 부정인지 내게 격렬한 신호와 반응을 보냈다.

늦은 밤 남편인 담임목사님은 별 탈 없이 귀가했고 그 일로 홍 목사님을 큰 분으로 더욱 존경하게 되었다.

1987년은 우리의 목회 여정에 있어서 참으로 다사다난했던 해였다.

그 당시 우리교회는 인천의 어렵고 소외된 사람들이 옹기종기 모여 사는 동네에 위치한 교회로 모두 넉넉지 않은 살림살이를 살고 있었고, 자녀들도 초등학교를 졸업하고, 중학교로 진학하지 않거나 중도에 학업을 중단하고 영세한 기업에서 일하게 되는 경우가 많았다.

'하나님 사랑과 이웃사랑' 이 믿음의 근본임을 주장하며 소외된 이웃과 함께 하는 것을 중요한 목회영역으로 여겼던 담임목사님의 목회관에 따라 우리교회는 소위 민중교회라고 불리는 교회이기도 했다.

그 여름, 여름철 휴가시즌을 맞아 인천기독노동자연맹 주최로 몇몇 교회의 젊은이들이 충청남도에 있는 금강 근처로 연합수련회를 떠나게 되었고 우리교회에도 몇몇 청년들을 비롯하여 그들과 함께 하던 고려대학교 학생인 유인식 형제가 그 수련회에 합류하여 떠났다.

즐거운 휴식이 되기를 바랐건만 수련회 둘째 날, 장마로 인해 불어나 있던 금강에서 수영을 하던 어느 교회의 한 여자 청년이 급류에 휘말리면서 그녀를 구하기 위해 물에 뛰어든 몇몇 남자 청년들이 모두 익사하는 중대사고가 터졌다. 그 익사자 중에는 우리교회 청년들을 돌보며 자신의 사명을 감당하던 유인식 형제가 있었다.

아, 이 무슨 비보인가!

생때같은 젊은이들이 하나도 아니고 몇이나 유명을 달리하다니……

나는 그 때 11월 출산예정인 둘째를 임신하고 배가 불러있는 상태였고 이동할 수 없어서 남편만 동료들과 급히 사고 현장으로 떠났다.

수련회에 합류하지 못하고 남아있던 젊은이들이 그 소식을 듣고 교회로 몰려와 울고불고 슬퍼하는 난리가 났다.

그들의 합동 장례식을 치루고 우리는 교회의 작은 마당 한 구석에 우리 교회 청년 대학생이던 유인식 형제의 추모비를 세웠다.

교회를 드나들 때마다, 의젓하고 속 깊고 호남이던 유인식 형제의 모습이 떠올라 가슴이 미어지는 것 같았다.

이러한 여러 사건을 태중에서 겪은 둘째 새날이는 그 충격과 영향 때문인지 출생부터 울기를 잘하고 매우 민감한 성격에 아프기도 잘하고 병원에 입원까지 하는 체질로 자라서 우리 부부의 속을 많이 태웠다.

성인의 나이를 넘긴 새날이를 볼 때마다 미안하고 애잔한 마음과 함께 1987년의 그 시절이 떠올려진다.

고(故) 김대중 전 대통령과 함께한 김성복 목사

고(故) 김근태 전 장관과 함께한 김성복 목사

여름 성경학교 30년사

_ 이은미 권사

우리교회 역사의 30년 동안 한 해도 빠짐없이 계속되어온 행사가 있으니 교회학교 아동부의 여름성경학교이다.

며칠간 집중적으로 성경을 배우며 찬양, 율동을 하고 다양하고 진기한 프로그램을 진행하는 여름성경학교는 지금까지도 아이들에게는 여름에 열리는 뜻 깊은 축제, Festival이다.

교회 창립 초부터 동네에서 방치되어 노는 어린아이들을 위해 선교원을 만들어 돌보는 일들을 하다 보니 그 아이들이 자연스럽게 교회학교 아동부 아이들이 되었고 그들의 언니 오빠가 또 아동부 아이들이 되었다.

뜨란채 주공아파트가 들어서기 전 1983년~ 2000년까지의 우리교회의 십정동 동네는 작은 길을 가운데 두고, 고압선이 세워진 비탈진 양쪽의 언덕에 자그마한 집들이 옹기종기 모여 있었다.

그 시절에도 성결교회인 에덴교회가 동네에서 가장 큰 교회였고 우리교회를 비롯한 작은 교회들이 몇 개 있었다.

창립 초기의 주일에는 선교원 선생님으로 봉사하는 심순금 전도사님과 내가 교회학교 교사를 했고, 내리감리교회 청년들이 성경학교 때 와서 도와주었으며 그 후로 선교원 선생님들이 교사로 봉사했다.

지금은 두 아이 엄마가 된 이선화 집사님을 비롯한 이승아, 이승경, 오미영, 오미혜 등의 아이들은 주말이나 방학에는 우리 집에 와서 거의 살다시피 했고 목욕바구니를 끼고 함께 목욕탕에도 잘 다녔다.

여름성경학교가 시작되면 동네아이들은 일정이 다른 이 교회 저 교회를 돌며 점심과 간식과 상품을 받으며 몹시 행복해했다. 이러한 모습을 본 우리 아동부 아이들은 성경학교 때만 우리교회를 찾은 다른 교회 아이들에게서 가서 우리가 준 상품을 빼앗아 오기도 했고, 다른 교회의 성경학교를 기웃거리는 우리교회 아동부 친구들을 데려와서 혼내기도 했다.

심순금, 공성순, 이예교, 오숙희, 윤혜숙, 조미혜, 신인자 선생님 등 여러 선생님들이 선교원을 거쳐 간 후, 지금도 우리와 함께 하고 있는 박순아 집사님, 성공회신부의 사모가 되어서 미국에 가있는 박옥자 사모, 윤영 교육사님이 선교원 교사 겸 교회학교 교사로 충성되게 봉사해주었다.

그 후 우리교회 교인이셨던 최영자, 유병희, 송경숙, 이선옥, 이명순, 왕재경, 강정옥 권사님, 최종애 집사님이 수고해주셨고, 강춘자, 조유순, 임순우, 김옥자, 허화자, 김은선, 홍창심, 김숙하, 안순남, 강명하 권사님, 전진경 집사님이 교사 및 보조교사로 수고해주셨다.

뒤를 이어 전태경, 이옥선 집사님, 김애라, 도지혜, 황호영, 박태호 선생님 등 어린이집 교사들이 주로 교사직을 감당하면서 많이 애쓰셨다.

80년대에는 좁은 예배실과 상가2층으로 옮긴 교회에서 성경학교를 진행하다가 1986년 교회를 건축하게 되면서 지하실과 교회 예배실, 교회 앞마당, 교회근처의 권사님 댁 등을 활용하게 되었다.

90년대에 들어와서는 교회를 벗어나는 진취적인 시도를 하기도 하였다. 서울 대학로에서의 연극관람을 성경학교의 한 프로그램으로 넣어 아이들을 전철에 태워 오가는 극성스러운 체험활동을 하기도 하고 겨울에는 잠실 올림픽경기장의 눈썰매장을 다녀오기도 하였다.

1991년 서울 대학로의 파랑새극장에 아이들을 데리고 가기로 계획을 세웠는데 전국적으로 큰 호우로 동네에 물이 범람하는 난리가 났었다. 목사님도 싱가폴 세계감리교 총회의 참석으로 안 계신 상황인지라 걱정은 됐지만 강행군을 하고나니 예배실 위층에 조립식으로 지은 사택의 천장에 물이 새서 주저앉을 지경이 되었고, 설상가상으로 새롬, 새날 두 딸이 수두에 감염되어 전신에 발진이 돋는 일들이 연이어 벌어지기도 했다.

그래도 너무 굳세게 모든 일들을 잘 치루어 낸 시절이었다.

방학에만 개방하는 연세대학교 원주 매지리 캠퍼스의 방 몇 칸을 빌려서 캠퍼스를 누비며 재미있게 진행하던 일, 레크레이션 지도자로 활약하시며 여름철에는 캠프장에 상주하시던 이영민권사님을 따라 아산 등지의 친자연적 캠프 지에서 성경학교를 진행하던 일들을 통해 아동부 아이들이 많이 늘어나게 되었다.

충남의 농촌 캠프장에서 성경학교를 할 때 자유로운 활동의 하나로 아이들을 오리와 닭을 키우는 장 안에 들어가게 했었는데, 지금 아랍에미리트에 취업차 나가있는 민구가 청둥오리를 잡아 그 오리를 상으로 받은 일은 지금도 잊을 수 없는 추억이다.

또한 우리교회를 지금도 돕고 계시는 목사님의 고교동창이신 김효진 장로님 덕분에 용인의 한화콘도에서 성경학교를 하는 호사를 누린 적이 있었는데 방 안에서 송승원, 권오성이 너무 떠들어서 방안의 정원이 초과된 것이 발각되어 쫓겨날 뻔 했다.

딱 한 번 꽃동산캠프라고 하는 초교파적인 연합 여름성경캠프에 아이

여름성경학교에서의 즐거운 모습들

들을 데려갔는데 여러 가지 은사를 체험하며 감동하는 다른 교회 아이들 틈에서 그들과는 대조적으로 모든 프로그램에 참석하지 않고 교사들의 눈을 피해 도망 다니기에 급급한 우리 아이들을 보고 다시는 연합프로그 램에 가지 않고 우리 자체적으로 감리교의 지침에 따라 여름성경학교를 진행하였다.

2000년대에 들어와서는 어찌어찌하여 우리가 갖고 있던 양평의 집을 몇 년간 활용하기도 했다. 시냇가에 신발이 떠내려가는 걸 달려가며 건져 오던 일, 집 주변의 공동묘지를 다녀오는 극기훈련을 하는 과정에서 안 무섭다고 큰소리치던 남자아이들이 겁에 질려 오줌을 싸며 소리를 지른 일 등은 아직도 생생하다.

여름성경학교 뿐 아니라 겨울에도 그 당시 잘 나가던 아동부 성가대를 데리고 겨울바다 체험, 어린이성가대 수련회 등의 명목으로 많이 다녔다.

2004년의 추운 겨울, 노성숙 권사님이 운전해주시는 교회 차를 타고 성가대 애들과 양평의 집에 도착해보니 보일러, 수도가 모두 얼어 도저히 그곳에 있을 수도 없고, 프로그램을 진행할 수도 없었다. 다시 돌아오자니 들떠있는 아이들에게 미안하기도 해서 동네 마을회관에 찾아가 이장님이 소개해주시는 펜션으로 쓰던 집에 묵으며 수련회를 진행했다.

아이들은 그런 상황에 아랑곳하지 않고 즐거워하며 약수터에 올라가서 비료푸대를 깔고 산길을 미끄러져 내려오는 눈썰매를 타느라 어쩔 줄을 몰랐다. 이승원, 왕수연, 이명주, 조혜인……. 그 아이들이 다 커서 대학생이 되었고, 회사원이 되었다.

그 때 아무 말 없이 늘 차량을 운전해주시며 동고동락해 주시던 노성숙 권사님이 없었더라면 그 무모한 도전들은 전부 다 수포로 돌아가고 말았을 것이다.

교회학교 교사이며 사모인 내가 성경학교의 기획자가 된 적도 많았지만 우리교회를 거쳐 가신 조성식, 백석근, 박순애, 지선화, 김희태, 김광석, 윤치환 전도사님과 윤영 교육사님, 우용철, 정석태 목사님 그리고 ,권옥자, 강승현, 최진숙 교육사님들이 그때그때 우리의 리더가 되어주셨다.

그 맥은 최근에는 김신애 목사님과 조은영 전도사님이 인솔하는 조세정 집사님, 김현주, 양윤미, 백종미 선생님을 거쳐 도지혜 선생님과 전태경 집사님으로 다시 이어지고 있다.

성경학교 뿐 아니라 교회학교의 모든 행사에 도움을 주고 사랑으로 함께 하시는 우리교회의 장로님을 비롯한 모든 권사님, 집사님, 교우들 덕분에 여기서 태어나고 자란 아동부 아이들이 자라서 중고등부, 청년부들이 되고 성인이 되고 가정을 꾸리고 독립을 했다.

우리교회학교 아동부에서부터 자라 가정을 꾸리고 성인이 된 이선화, 정소영, 송경미, 정종일, 김새롬 외에도 전효원, 조세정, 신동윤, 김창희, 유리, 이종원, 신동아, 김민구, 권오영, 김새날, 왕수연, 조혜인, 박혜진, 김달현, 정선윤, 권오성, 박한순, 박한조,, 김근수 등 우리의 아이들이 주님의 동산 안에서 잘 자라서 성숙하고 바른 성인이 된 것은 주님의 귀하신 사랑과 그 사랑을 나누어 온 우리교회의 모든 교우들 덕분이다.

이제는 우리의 2세인 이들이 우리교회의 기둥이 되어 우리 샘터교회를 하나님 보시기에 기뻐하시는 교회로 더욱 성장시키는 역동성을 발휘해야 할 때라고 생각하며 벅찬 기대감에 젖어본다.

위대하신 하나님을 찬양합니다

_ 송미연 권사

먼저 샘터교회 창립 30주년을 맞이하게 된 것, 하나님께 감사 영광을 드립니다. 무엇보다 교회의 역사를 돌아보며 하나님의 일을 위해 맡은 소명을 다하며 교회를 이끌어 오신 김성복 목사님과 이은미 권사님의 헌신으로 교회가 지금껏 서왔다는 것을 새삼 깨닫게 됩니다. 큰 감사를 드립니다.

그리고 보니 나도 어느 새 22년을 샘터교회와 함께 한 셈이네요. 와! 참 빠르다!

1991년 봄, 내 집 마련을 위해 서울 상계동에서 이 곳 인천으로 이사를 왔습니다. 처음 나를 맞이했던 백운역은 시골 작은 간이역 같이 초라한 느낌이었고 우리 집 정원아파트를 찾는 길에는 비포장도로에 젖소들이 눈을 꿈벅거리면서 구린 똥 냄새를 풍겼습니다. 그렇게 외진 동네로 이사한 나는 외톨이가 된 외로움과 이름 모를 상실감으로 심한 우울증을 앓았더랬습니다. 그때 아마 큰아이가 돌배기였지요.

다행히 어려서부터 교회를 다녔던 터라 아이를 등에 업고는 이 교회 저 교회 탐방을 다니기 시작했습니다. 그러나 샘터교회를 처음 방문하여 첫 예배를 드릴 때 느꼈던 묘한 친근함과 편안함 덕분에 인천에서의 새로운 신앙생활을 시작했습니다. 30대 중반의 김성복 목사님은 지금처럼 좋은 인상에 말씨와 행동에는 특유의 느릿한 여유와 열정이 있으셨습니다.

그러나 저는 여전히 집에서 혼자 아이를 돌보며 자주 놀러 오는 이웃 사람들과 어울려 노는 것도 별로 즐겁지 않았고 사는 재미도 딱히 없었습니다. 급기야 몸에 병이 들기 시작해서 머리부터 발끝까지 이런 저런 잔병들이 찾아왔고 응급실도 자주 이용했으나 특별한 진단을 받지는 못했습니다. 그 때 왕재경 권사님이 어린이집(당시는 선교원) 교사를 권유해 오셨습니다. 어지러운 몸을 세우고 마지못해 선교원에 발을 디딘 순간이 내게는 은혜이며 역사였습니다.

사실은 아는 것도 별로 없이 일이 시작되었습니다. 목사님이 목회를 시작하시면서 어린이집을 운영하였던 터라 아이들은 40여명이나 되면서 시설은 빈약하기 그지없었습니다. 교구장 2개에 장판을 올려놓은 덜렁거리는 밥상이 전부인 듯 한 느낌이었는데도 아이들은 신나했고 그곳에서 행복해 보였습니다. 박순아 선생님 후임으로 함께 했던 김현경 선생님, 전진경 선생님과 함께 매일 간식준비와 설겆이, 차량운행을 해야 했고 상당히 격무였습니다. 땜질 도배를 하면서 깔깔대던 일들이 예쁜 추억으로 남아 있고, 겨울에는 언 수도 때문에 물 사용이 쉽지 않아 고생했던 기억도 있습니다. 아침에는 냉골 방을 데우느라 덜덜 떨기도 했지요. 사실 저는 두 선생님이 많이 봐 주서서 묻어가다시피 했습니다. 당시 교회에 사무실을 두고 있던 새누리 신문사의 간사 이진실 선생님, 그리고 이명룡 장로님, 곽경전집사, 박광선 형제, 서동균 집사를 그 때 만났습니다. 어려운 그 때가 그래도 정말 즐거웠습니다. 열악한 환경에서도 부족한 교사에게 부모님들은 예의를 갖추었고 교사 사이에도 진한 사랑이 있었던 것 같습니다. 어느 새 나는 아픈 사람이 아닌 생기가 넘친 사람으로 변해 있었고 하루하루를 지내는 것이 그저 행복했습니다. 그렇게 20년이 흘렀습니다.

1995년에는 샘터어린이집은 정부에서 지원을 받아 그 때의 놀이터 자리에 현재 어린이집을 신축하였습니다. 물도 잘 나오고 건물도 깨끗하여 너무 좋았으나 새롭게 갖추어야 할 일들이 많았습니다. 그리고 하나님의 은혜와 인도하심으로 1997년 3월에는 샘터어린이집의 원장이라는 자리를 선물 받았습니다.

사실은 너무 부족했고 아무것도 몰랐기에 그때부터 하나님은 나를 깎으시고 다듬기 시작하셨습니다. 혹독한 훈련도 겪어야 했고 그만큼 수많은 사랑도 받았습니다. 원장 직을 감당하는 일은 어려웠고 어린이집의 부족함을 채워내는 일도 쉽지 않았습니다. 카세트 하나 사 놓고 뛸 듯이 좋아했고 교구장 하나 새로 들여 놓을 때마다 행복했습니다. 아이를 모을 때는 선생님들과 원아모집 홍보물을 만들어서 동암역에서 부터 백운역까지 전단지와 포스터를 돌리기도 했습니다. 노력에 응답하듯 아이들이 하나 둘씩 모여들기 시작했고 어린이집은 해마다 새롭게 변해갔습니다. 지금의 어린이집을 마련해 내기 위해 목사님과 교인들은 헌신적인 지원을 아끼지 않았고 모두의 기도로 어린이집은 큰 사고 없이 잘 운영해 낼 수 있었습니다. 그렇게 매년 공을 들여 물건을 구입하고 공사를 하여 지금의 예쁜 어린이집이 만들어져 지금은 원아수 80명에 교직원수가 14명인 잘 갖추고 준비된 어린이집이 되었습니다. 한고비 고비가 힘겨웠으나 또한 즐거움이었고 그 안에서 성장해갔습니다. 그 모든 시간 속에서 저는 보다 멀리 보고 크게 생각 할 수 있는, 담대한 마음을 지니게 된 원장이 될 수 있었습니다.

이것이 어찌 그냥 이루어진 것이라고 말할 수 있겠습니까? 그동안 함께 헌신하고 기도해 주신 목사님과 사모님. 그리고 샘터 교인들, 그리고 초창기의 이인희, 김현경, 김은주, 전진경, 김혜자 선생님, 그리고 노성숙, 강춘자 권사님을 비롯한 많은 교사들의 열정과 헌신이 이룬 기적이라는 것에 바로 제가 증인입니다. 저는 샘터교회를 통해 참 하나님을 만났고 기이하고 신기한 일들도 무척 많이 경험했습니다. 아직도 여리고 부족하지만 지금 내가 여기 있음이, 그리고 고개를 돌려 주위를 돌아 볼 여유가 있음이 그저 감사합니다. 지금의 나를 있게 한 하나님께 더 많이 순종하지 못했음을, 때론 사람들에게 아픔도 주고 상대를 배려해 주지 못했음을 그리고 주어진 것에 감사하지 못하고 불평하였음을 이제 회개하며 돌아봅니다. 생각하면 할수록 위대하신 하나님을 찬양하지 않을 수 없습니다. 훈련 속에서도 풍족하게 채우시며 믿음을 성장시키셨던 그 분이 하나님이시기 때문입니다. 이제 샘터교회 30년을 맞이하며 또 다른 하나님의 계획하심과 역사를 체험하기 위해 다시금 기도하며 몸을 낮출 때임을 새삼 깨닫고 고백하며 이 글을 마칩니다.

네 시작은 미약하였으나 네 나중은 심히 창대하리라. (욥 8:7)

샘터교회를 도운 4인방

_ 이은미 권사

우리 담임목사님은 대학시절 운동권 학생으로 블랙리스트에 올라 늘 형사들이 따라다니며 주시하는 요주의 인물이었다. 1980년대 어려운 시대적 상황 속에서 민주화운동에 함께 참여하던 친구들과 후배들이 군에 강제 징집당하고 유명을 달리하고 하는 어려움을 겪는 틈에서 자기만이 살아남았다는 것에 대한 미안함과 죄책감에서 한때 심한 공황장애를 겪었다.

그로 인해 군에 징집되었다가 다시 돌아와 보충역인 방위로 군복무를 대신하게 되었고 1983년 교회를 개척할 당시는 월미도의 제5해역사 해군정보부대에서 24시간 교대로 방위의무를 수행하고 있었다.

수요일 저녁예배나 주일예배, 주일저녁에 방위근무를 서는 날은 담임 전도사님을 대신할 설교자가 필요했는데 이 때 우리교회에 와서 담임목회자의 군복무 종료까지 설교를 대신 해 준 친구가 있었다. 제물포고등학교 동기이고 대학동문이기도하며 어릴 적 한 동네에서 자란 친구이기도 한 이원복 전 의원이다. 그는 일찍이 문학에 뜻을 두었다가 연세대학교에서 다시 신학을 공부했는데 우리교회에 와서 어려운 시절의 땜빵 설교자의 역할을 감당해 준 것이다. 그 후 국회의원으로 활동하였고 지금도 정계에서 활동을 하고 있다.

또한 우리교회 창립시절 어려운 판자촌에서 살며 병원문턱이 높아 아파도 치료받지 못하는 주민들을 위해 한방진료와 치과진료를 해 준 이들이 있었다. 담임목사님의 고교동창인 이인출 원장님과 이종원 원장님이다.

이인출 원장님은 매주 자신의 한방병원 일을 마친 후에 한방진료에 필요한 침과 뜸 보따리 외에도 동네의 연로하신 노인 분들에게 드릴 보약까지 한 보따리 싸 오셔서 아낌없이 헌신하는 아름다운 일을 담당했다.

이종원 원장님 또한 전국의 벽지를 다니며 무료치과진료를 하는 독실한 가톨릭 신자였는데 우리교회의 어려운 산동네를 찾아와 아무 대가 없이 묵묵히 치과진료를 해주었다.

젊고 실력 있는 의사들이 무료로 한방진료와 치과진료를 해준다는 소문이 동네에 퍼지면서 교회에 나가시는 분들 외에 절에 나가시는 노인 분들이 살그머니 "우리는 교회에 안 나가는데 혹시 오면 안 되나요?" 하며 들어오셔서 진료를 받으신 후에는 합장하며 인사를 하고 가시는 일도 있었다.

늘 잔잔한 미소로 찬찬하게 진료를 해 주시던 이종원 원장님은 애석하게도 몇 해 전 필리핀의 오지에 나가 치과진료 봉사를 하다가 지병으로 유명을 달리하게 되어서 이제는 만날 수 없는 친구가 되어 우리의 가슴을 매우 아프게 했다.

또한 목사님의 고교동창인 김효진 장로님은 찬양대 등 교회의 여러 부서에서 봉사하며 우리와 함께 신앙생활을 하다가 서울로 가신 뒤에도 샘터교회 부설기관인 사회봉사관 샘터아동상담센터를 위해 지금까지도 도움을 주고 계시다.

　우리교회의 이름이 샘터교회이고, 창립초기에서부터의 목표가 '하나님사랑과 이웃사랑' 이어서인지 늘 사랑과 정이 넘쳐나고 이웃과 무엇이든 나누고자 하는 마음과 실천들이 늘 넘쳐났던 것 같다.

　특히, 주인의식을 가지고 헌신하고 봉사하는 우리교회 교인들 외에도 외부에서 오셔서 우리와 동네주민들을 도왔던 그 분들로 인해 오늘날까지 우리교회가 아름답게 성장한 것이 아닌가 생각하며 다시금 감사한 마음을 갖게 된다.

2. 샘터로 도착한 편지

내 영혼의 샘터였던 샘터교회

_조성식

샘터교회의 개척 시기가 1980년대 초라고 들었다. 당시 샘터교회가 있던 인천시 북구 십정동 부평여상 부근은 그다지 잘 사는 동네가 아니었던 것으로 기억한다. 교회 주변 동네는 여전히 옛날 허름한 집들이 있었던 달동네였고, 주민들은 모두 맞벌이를 해야 하는 형편이었다. 아이들은 방치되는 경우가 많았고, 집보다 밖에서 노는 경우가 많았다. 지금이야 부평에 아파트들이 많이 들어섰지만, 당시만 하더라도 교회 주변은 내가 어릴 적 살던 동네와 많이 비슷했었다.

1985년 봄, 당시 대학생이었던 나는 한 선배에게서 샘터교회를 소개받았다. 그 선배는 "샘터교회는 정말 은혜로운 교회야. 젊은이들이 할 일이 많은 교회지." 하며 소개했다. 교회를 소개받은 다음 주에 바로 예배에 참석했다. 담임목회자이신 김성복 목사님은 엷은 미소와 눈웃음이 특징인 젊은 목사님이셨다. 예배 중의 설교는 잔잔했지만 메시지가 분명했다. 교회가 사회에서 해야 할 일이 많다는 말씀도 자주 하셨던 걸로 기억한다. 보통 개척교회나 작은 교회가 그러하듯 예배를 마치고 나서는 목사님과 성도들이 함께 식사하고, 차를 마시는 게 참 좋았다. 그렇게 성도들 한 사람, 한 사람의 일상을 묻고 챙기면서 교제를 나누는 모습도 참 좋았었다.

샘터교회에는 나 말고도 교회에 출석하는 젊은 청년 성도들이 몇 명 더 있었다. 1985년도는 군인 출신 대통령이 철권통치를 하던 시기였다. 그래서인지 대학가나 사회에서는 집회와 시위가 연일 끊이지 않았었다. 청년들은 교회에서 예배에 참석하는 것 말고도 시국에 관한 이야기를 나누기도 했었고, 책상을 치면서 울분을 토하기도 했었다. 그렇게 1985년 봄은 예배와 토론으로 이어져 갔다.

목사님은 내가 교회를 출석한 다음 주부터 내게 다른 청년교사, 여자 집사님과 함께 어린이 반을 맡을 것을 권하셨다. 아이들은 약 20~30명 정도였는데 너무나 순박하기 그지없는 아이들이었다. 옷은 더럽고, 콧물은 흐르고, 지저분한 손발이었지만 천국에 가면 만날 수 있는 천사들이었다고 기억된다. 한 주에 한 번 이 천사들과 보내는 시간을 즐기면서 나도 천사가 된 듯한 감동을 받곤 했다.

그렇게 한 두 달이 지나고 교회는 여름성경학교를 준비하게 되었다. 예산이 충분하지 않고 아이들도 많은 상황이 아니었지만, 여름성경학교를 제대로 해보자고 청년들이 결의했다. 그렇다면 어떻게 하는 것이 여름성경학교를 제대로 진행하는 걸까. 처음엔 막막했었다. 그랬지만 기도하고 의견을 모아서 내린 결론이 'TV보다 재미난 여름성경학교' 였다. 당시 교회에는 출석하던 초등부 아이들 숫자보다 더 많이 모아보자고 계획했다. 그래서 우리 청년들은 바로 준비에 착수했다.

'TV보다 재미난 여름성경학교.'

이게 말로는 쉽지만 실제로는 정말이지 쉽지 않은 일이었다. 그래서 청년들이 평일에도 모여서 기도하고 머리를 맞대고 계획을 하고 준비했다. 준비 끝에 나온 게 '길거리 여름성경학교 홍보' 였다. 홍보를 하면서 아이들이 TV에서 보던 것들을 직접 눈으로 보게 하면서 흥미를 불러일으키자고 했다. 청년교사들은 여름성경학교를 알리는 홍보물과 교회 알림지를 인근 주민들, 아이들에게 나누어주었다. 나는 엿장수 복장을 하고 가위질을 하면서 흥을 돋우었고, 다른 교사들은 엿판에 있는 엿, 사탕과 여름성경학교 알림지를 아이들에게 나눠주었다. 샘터교회가 있는 부평여상 앞에서부터 십정동 골목길, 백운역까지 오가면서 아이들에게 여름성경학교를 알렸다. 지금 생각해보면 대단히 유치한 모양새였지만, 아이들이 졸졸 따라오면서 엿을 더 달라고 하기도 하고, 내가 입은 옷을 잡아당기면서 놀기도 했다. 홍보를 마치고 교회에 돌아오면 몸은 파김치가 되어있고, 땀은 줄줄 흐르면서 힘이 들었다. 하지만 모두들 은혜로운 피곤함이라고 생각했었다.

이렇게 계획하고 진행했던 '여름성경학교' 는 성공적이었다. "흰 구름 뭉게뭉게 피는 하늘에, 아침해 명랑하게 솟아오른다……." 아이들 숫자가 평소보다 2배 이상 많았고, 아이들의 참여 또한 좋았다. 여름성경학교가 시작되기 전에 이미 와있던 아이들도 꽤 많았었다. 그런 아이들은 땀을 흘려가면서 여름성경학교 노래를 목청껏 불렀고, 교사들은 앞에서 미리 연습했던 율동을 하면서 함께 했다. 아이들과 교사들이 더운 여름날 땀을 삘삘 흘리며 함께 어울려서 노래하고 춤추고 먹고 마시면서 며칠간 천사들의 축제를 즐길 수 있었다. 예배, 말씀, 간식, 노래, 율동 등이 진행되면서 하느님의 은혜와 아이들의 순진함 그리고 교회의 영성이 합쳐져서 교회

가 바로 천국이 되었었다. 그리고 아이들이 교회에 오기를 좋아했고, 와서
는 늘 환하게 웃는 웃음소리가 끊이지 않으니까 작은 교회 전체가 은혜로
가득참을 경험할 수 있었다.

그렇게 3일간의 여름성경학교를 마치자 교회 분위기가 많이 달라졌다.
아이들의 작품들이 교회 벽면 여기저기에 붙어 있어서 여름성경학교의
성과를 알 수 있었다. 그리고 청년교사들의 화합이 더 잘되었고, 교인들
간의 교제도 더 화기애애해졌던 것으로 기억한다.

지금도 샘터교회를 생각하면 먼저 떠오르는 것은 목사님 부부의 미소
와 아이들의 환한 얼굴들, 그리고 청년교사들의 땀 흘리는 모습들이다. 당
시의 샘터교회는 나의 메마른 영혼의 시원한 샘터였다. 이제 다시는 1985
년으로 돌아갈 수 없지만, 한 번쯤은 그 때로 돌아가서 다시 한 번 교사들,
집사님들, 아이들과 어우러져 'PC 게임보다 더 재미있는 여름성경학교'
에 참여해보고 싶다.

십정동에 뜨거운 생명을 불어넣는
열정의 샘터가 되기를…

_ 이신철 목사

샘터가 자리 잡은 십정동을 예로부터 '열우물'이라고도 하였다. '열우물'이란 우물이 열 개(十)라는 의미라는 설도 있고 뜨거운(熱) 우물이라는 의미도 있다. 뿐만 아니라 십정동의 십정이 십정(十井)이 아니라 십정(十丁-산이 이어져오는 모습)이라는 이야기도 전해져오고 있는 것을 보면 예로부터 십정동에 대한 많은 담론이 있는 지역임에 틀림이 없다.

재미있는 이야기 중에 조선 초기에 임금님이 안질을 치료코저 부평지역에 위치한 온천을 찾았는데 잦은 내왕으로 민초들의 삶이 고단해지자 어느 시기부터 그 온천을 메꾸어버리니 그 흔적을 아는 이가 없었다는 이야기도 전해져 온다.

유래야 어찌되었던 간에 샘터라는 이름을 통해 구체적으로 인식한 십정동이기에 나는 십정동은 열 개의 우물(十井)이라 인지하였고 그 열 개의 우물이 어디에 있을까를 궁금해 하였다. 그리고 열 개의 우물 중 특별히 뜨거운 생명의 기운은 샘터교회의 지난 30여년 간의 성실한 지역사업을 통해 확인하게 되었으니 열우물은 결국 뜨거운 우물, 샘터교회의 지역사회를 위한 열정(熱井 -> 熱情)이었다고 생각한다.

내가 샘터교회를 알게된 것은 1985년경이다. 당시는 우리 인천에서 노동운동이 본격적으로 전개되면서 민심이 활화산 같은 열기로 타오르고 있던 시대였다. 김성복 목사님께 전해드릴 심부름이 있어 동인천역에서 3번 시내버스를 타고 선린교회 앞에서 내린 후 꼬불꼬불한 골목길을 돌아 부평여상 앞을 지나 1~1.5m 높이의 회색 벽돌로 넓은 마당을 가지고 있던 하얀 2층 교회를 본 것이 최초의 기억이다.

마당 안쪽에는 약국에서 수거해온 박카스 박스와 빈병이 산더미처럼 쌓여 있었고 교회 앞에 설치된 수돗가에는 아이들이 비누 방울을 만들며 재잘거리는 참으로 정겨운 광경이었다.

당시 샘터교회를 섬기던 노동청년회의 젊은이들을 통해 교회가 세워지게 된 배경과 과정을 설명 들으면서 오늘날 한국교회가 감당해야 할 시대적 과제를 조용하게 그러나 힘있고 뜨겁게 수행하고 있는 귀한 선교처를 목격하면서 적어도 한국교회가 여전히 살아있음을 발견하게 되었다.

나 자신도 격변의 세월을 노동운동에 투신하여 살아오면서 샘터교회는 십정동 지역에서 교인들과 함께, 내가 가지고 있던 막연한 '민중을 위한 삶' 보다 훨씬 구체적으로 이 땅의 민주화와 민족통일을 위한 열정적인 실천을 해오고 있었다고 확신하였기에 1986년경부터 약 1년 2개월을 샘터에서 노동청년회를 돕는 교육전도사로 활동을 하게 되었으나 결과적이지만 내가 교회를 돕기보다는 오히려 내가 더욱 많은 것을 배워가는 귀한 계기가 되었다.

이후에도 존경하옵는 김성복 목사님과 교류하면서 교회를 통한 지역사회의 섬김의 모습을 지켜보았고 우리 민족의 염원인 통일운동을 진지하게 준비해 가시는 선각자의 마음을 깊이 알게 되었다.

　지난 30여년을 그렇게 해왔듯이, 십정지역을 지키는 하나님의 망루로서 주민들과 어린이를 위한 다양한 사업을 꾸준히 전개해왔고 나아가 우리 인천지역의 유수한 민족통일과 민주화의 지도력을 배출하였던 것처럼 앞으로의 샘터교회의 역사도 꾸준하게 도도하게 흘러가기를 기대한다. 십정동을 넘어 우리 인천과 우리나라에 뜨거운 생명의 기운을 전해주는 열정의 샘터가 되기를 2천 킬로미터 떨어진 광활한 바람의 나라 몽골에서 기원해본다.

샘터교회의 추억

_ 이세구 목사

내가 샘터교회에 있었던 기간은 만 2년이 될까 말까 하다. 하지만 그 짧은 기간이 인간으로서, 그리스도인으로서, 목회자로서 내게 준 영향력이나 인상은 매우 크고 강했다. 그야말로 아무것도 모르는 평신도로서 교회를 섬기던 중 비교적 늦은 나이에 신학교에 입학해서 현장 목회와 교회에 대한 관심이나 열정은 잠시 접고 오직 학문으로서 신학 공부에만 흥미를 두다가 어찌어찌 김성복 목사님과 샘터교회를 알게 되었고 그 당시의 내게는 너무 과분한 전도사라는 귀한 직분을 얻어 성도님들과 함께 소중한 신앙체험을 할 수 있게 된 것이 1990년대 초였다.

당시 나는 마흔이 다 된 나이였음에도 이제 막 결혼을 해서 갓난애를 둔 아이 아빠였다. 승용차도 없던 시절이라 아이를 안기도 하고 업기도 해서 버스를 타고 찾아간 샘터교회의 첫 인상은 아담하고 따뜻하고 친근함 같은 것들이었다. 당시까지 내가 다니던 교회들이 다 작은 교회들이라서 샘터교회에 대해 처음부터 거부감이나 불편함을 느끼지 못한 것도 있었지만 콕 찍어서 말하기는 어려워도 목사님이나 성도님들이 다른 교회들과는 다른, 좋은 인상을 주었던 것이 지금도 생생하다.

김성복 목사님은 나랑 신학교 동문이기는 했지만 나보다 4, 5년 선배라서 이전에는 학교에서나 다른 어디에서 만나 뵌 적이 없었던 것으로 기억한다. 그러니까 목사님을 처음 뵌 것이 바로 샘터교회에서였다. 목사님을 처음 뵈었을 때, 그리고 그 이후에도 목사님은 거의 매일 로만 칼라를 하고 계셨는데 내가 본 분 중 천주교 신부님들을 포함해서 로만 칼라가 가장 잘 어울리셨던 분이었던 것 같다.

샘터는 무엇보다도, 내 삶의 전환기와 관련해서 내게 중요한 의미를 준 교회였다. 우선 하나밖에 없는 내 딸 아이가 아직 어리기도 하고 낯가림도 있어서 예배에 지장을 줄 정도로 자주 울거나 칭얼대곤 했지만 목사님을 비롯한 모든 교우들로부터 많은 사랑을 받았을 뿐 아니라 유아세례를 받기까지 한 곳이 바로 샘터교회였다. 또 지금 돌이켜 생각해보면 얼굴이 뜨거워지는 일이기는 하지만 내 생전 처음으로, 그리고 아마도 마지막으로, 성가대를 지휘하는 영예를 얻은 곳도 샘터교회였다. 청년 시절 다니던 교회에서 '도솔미솔, 시솔레솔'을 겨우 치던 사람이 반주를 한답시고 피아노 앞에 앉아본 적은 있었지만 언감생심 성가대 지휘를 할 수 있게 될 줄이야…! 어설픈 자세로 성가대 앞에 서서 어울리지도 않게 팔을 휘둘러댔을 내 모습을 상상해보면 지금도 얼굴이 화끈거려진다. 하지만 성가대원도 많지 않았고 모든 게 서툴렀지만 그때 불렀던 찬양들은 알게 모르게 내 영혼 깊은 곳에서 지금도 계속 울려 퍼지고 있는 듯싶어서 감사하기 그지없다. 게다가 어느 주일인가는 좀 생뚱맞게도 김민기의 '아침이슬'이란 곡을 가지고 찬양을 했던 일이 기억나는데 목사님이 여러 가지로 '열린' 생각을 가지고 계셨던 분인지라 그런 곡도 부를 수 있지 않았을까 생각한다. 그런 곡으로 찬양할 수 있을 만큼 샘터교회는 한 영혼의 구원뿐 아니라 사회에 대한 교회의 책임의식, 지역사회의 빈민들에 대한 심각한 고민과 하나님의 창조질서와 환경에 대한 반성까지 두루 갖춘 보기 드문 교회였다. 교회는 비록 작았지만 아동과 청년, 장년, 노년에 이르는 모든 성도들이 요새 말로 잘 '소통'하는, 가족 같았던 교회로 기억한다.

샘터교회에서 내가 생전 처음 해본 것이 성가대 지휘자 역할 만은 아니었다. 나는 샘터에서 속회 인도자로도 데뷔를 했던 것이다. 멋모르는 청년 시절에 속회, 또는 내가 다니던 장로교의 용어로 말하자면 구역예배 경험을 못해본 바는 아니지만 단순한 속도가 아닌 인도자로서 속회 예배를 드린 것은 샘터가 처음이었다. 오랜 기간은 아니었지만 한 1년 정도 매주 금요일 저녁에 속도들 가정을 돌며 예배를 드린 그 일은 지금까지 내 신앙생활에서 가장 은혜로운 체험이었노라고 감히 고백할 수 있다. 여러모로 서툴기만 했을 나를 따뜻하게 맞아주시고 함께 하나님의 은혜 체험을 나눴던 집사님들, 권사님들의 모습이 지금은 아련하지만 절대 잊히지 않을 것이다.

샘터는 내 인생의 첫 감리교회이기도 했다. 지금은 감리교회의 말석을 흐리고 있는, 여러모로 부족한 사람이지만 그래도 내가 사랑하고 자랑하는 감리교회의 목사가 될 수 있었던 것도 샘터가 아니었다면 어려웠을 것이라는 생각을 한다. 교회 안팎에서 김성복 목사님의 인도와 가르침으로 당시로서는 생소했던 감리교회의 용어, 교리, 제도, 문화 등을 기초적인 것이나마 배울 수 있었다. 그리고 그 바탕 위에서 내게는 너무도 두렵고 떨리는 경험이었던 첫 감리교 목회의 길을 샘터에 있던 중에 시작할 수 있게 되었다. 짧은 기간이나마 샘터에 몸을 담는 일이 없었다면 감리교 목회자로서 나도 없었을 것이라 생각한다.

내 첫 목회지는 남부 연회에 속한 충청남도 홍성군 광천읍이었는데 목회 시작과 더불어 상상하지도 못했던 어려운 일이 닥쳐서 제대로 시작도 하기 전에 목회를 포기해야 하나 하는 생각을 하기도 했었으나 이를 이길 수 있도록 도와주시고 가르쳐주셨던 김성복 목사님 덕택에도 그 위기를 극복해낼 수 있었다. 서울에서 나고 자라서 농촌의 환경이 너무 생소하고 적응하기 힘들었을 뿐 아니라 서리 전도사로서 내 입지를 세우는 일조차 매우 버거웠던 그 시절, 그러니까 샘터를 떠나 지방으로 내려간지 몇 달 안된 어느 날 함께 속회 예배를 드렸던 집사님, 권사님들 몇 분이 광천까지 와주셨는데 그때의 기쁨과 반가움은 이루 말할 수 없었다. 마치 오래된 이산가족을 상봉이라도 하듯 거의 부둥켜안고 감격했던 기억이 아직도 생생하다.

광천으로 목회의 길을 나서면서 샘터를 떠나게 되었고 그 이후로는 내 비사교적인 성격 탓에 김성복 목사님이나 성도들과 거의 교류가 끊어진 상태로 지금까지 오기는 했지만 그래도 내 마음 속에 샘터는 항상 남아있고 샘터에 대해 늘 빚진 자의 의식을 가지고 있다. 곧 샘터가 30주년을 맞는다고 하는데 30년 역사의 한 가운데 즈음에서 짧은 기간이나마 샘터에 몸담을 수 있게 된 것이 내게는 하나님의 큰 복이 아닐까 한다. 아무쪼록 30주년을 맞는 샘터교회의 목사님과 성도님들에게 우리 하나님의 가없는 은혜가 함께 하시길 기도한다.

20년 전, 샘터에서의 추억

_성 모 목사

제가 샘터교회에서 교육전도사로 있었던 것이 1992년도에서 1994년 2월 경까지 있었던 것으로 기억합니다. 어언 20여년이 지났습니다. 처음 십정동으로 찾아가 김성복 목사님을 뵈었을 때 목사님의 첫마디가 "나이가 꽤 있어 보이네요"라는 말이었습니다. 그 당시 32살 정도 되었을 때인데 지금 생각해보면 굉장히 젊었을 때인데도 목사님 생각에는 더 젊은 청년을 기대했는데 의외였었나 봅니다. 아무튼 샘터교회와의 관계는 그렇게 시작되었습니다.

그 때의 샘터교회는 젊은 교회였다고 생각됩니다. 각 가정의 아이들이 대부분 초등학교를 다닐 때였습니다. 시대적으로는 민주화의 열망이 뜨거웠을 때였습니다. 샘터교회는 그 당시 민중교회 연합에 소속된 교회였습니다. 샘터교회는 그 당시 주류교회들의 흐름과는 다른 성격을 갖고 있었던 것은 틀림이 없습니다.

민주화와 가난한 자들에 대한 관심이 있는 교회로 여러 가지 행사에 참여했던 기억이 납니다. 1993년도 광복절에 '평화와 통일을 바라는 인간 띠잇기대회'에 참석했는데 샘터교회는 그 당시 버스를 타고 이동했는데 장소는 잘 기억이 나지 않지만 함께 손을 잡고 평화통일을 염원했던 기억은 생생합니다.

언젠가는 민중화를 액자에 넣어서 전시회를 하고 팔아서 초등어린이집 기금을 마련했습니다. 석바위의 여성회관으로 그림을 나르느라 애썼던 기억이 있습니다.

새누리 신문 지국을 운영했는데 일주일에 한 번씩 서울에 가서 신문을 가져왔고, 저도 여러번 동행했습니다. 발송과 업무는 주로 이진실 간사님이 했습니다. 지금은 사회봉사관으로 쓰이는 샘터교회 건너편에 사무실이 있었는데 그 사무실에 한 노동단체가 들어와 쓸 수 있도록 배려해주기도 했습니다.

저는 주일학교, 중고등부, 청년부를 맡았는데 그 때는 다 그렇게 다 맡았습니다. 지금 생각하면 좀 미안한 마음이 있습니다. 제대로 못해서 그렇습니다. 모태신앙이기는 했지만 일찍 서울로 유학와서 교회 안에서 중등부, 고등부, 청년부를 제대로 거쳤어야 하는데 그렇지 못했던 것이 약점으로 작용을 했던 것 같습니다. 별로 좋은 전도사가 아니었던 것은 분명합니다.(미안하다, 애들아!)

저의 집이 주안동에 있어서 버스를 타고 교회에 오고 갔는데 교통이 불편했습니다. 감신대 신학대학원에 다니면서 전도사 생활을 하고, 1992년도 변선환, 홍정수 종교재판이 있었을 때 였는데 제가 그 때 대학원 학생회 총무로 그 싸움을 지휘하던 때라 더 힘들었던 것 같습니다. 서울연회 사무실을 점거농성해서 그곳에서 먹고 자고 하니까 아내가 얼굴보러 본부에 찾아오기도 했습니다.

93년도 성탄절에 우리 큰 아이, 여름이가 세례를 받는 날인데도 저는 몸살로 누워서 교회도 가지 못하는 일도 있었습니다.

93년도에 청년부 여름 수련회를 지리산에 갔습니다. 버스를 타고 성삼재에서 내려서 시작했습니다. 노고단을 거쳐서 뱀사골 마루에서 텐트를 치고 일박을 하고 계속 가다가 둘째날에 청년들 사이에 다툼이 일어나서 결국은 하산을 했습니다. 짧은 여정이었고, 다툼으로 인해 하루 일찍 내려오기는 했지만 오랜 시간이 지난 지금도 지리산이 주던 그 상쾌함이 남아 있습니다.

중고등부 수련회로 충주의 수주 감리교회에 갔었습니다. 신학대학원 때 같은 동아리에 있던 전도사가 담임으로 있던 교회였습니다. 지금 그 친구는 천주교 수사가 되어 꽃동네에서 봉사하고 있습니다. 말씀에 은혜받기에는 제 역량이 부족했고, 즐거웠던 물놀이만 기억에 남아 있습니다.

추억은 과거를 아름답게 만드는 경향이 있습니다. 2년 조금 넘게 있었던 샘터교회의 교육전도사 시절을 떠올리며 잠시 행복감에 젖어들었습니다. 늘 큰형님 같은 푸근함이 있는 김성복 목사님은 지금도 가끔 뵐 때마다 너무 반갑고 좋습니다. 민주화 운동과 통일운동을 하지 않고 목회에만 전념했다면 훨씬 큰 교회가 되었겠지만 그래도 샘터교회가 자랑스럽습니다. 목사님과 교인들에게 칭찬을 하고 싶습니다.

함께 신앙 생활했던 샘터교회 교우들이 그립습니다. 사무실에서 근무했던 이진실 간사님이 보고 싶습니다. 그 때의 청년들, 학생들의 얼굴이 보고 싶습니다.

도망자-샘터교회에서의 추억

_ 한광수 목사

나에게 샘터교회와 김성복 목사님은, 잊을 수 없는 교회요 목사님이시다. 그것은 나의 신학교 시절, 나의 삶의 일부분이었기 때문이다. 비록 그곳에서 짧은 시간을 보냈지만, 그 기억은 27년이 지난 지금도 잊을 수 없는 아름다운 추억이며 미소 짓게 하는 생생한 사건이었기 때문이다.

내가 샘터교회를 가게 된 동기는 1986년으로 거슬러 올라간다. 당시 모교회는 주안감리교회였다. 그 곳에서 초등학교 4학년 때부터 한경수 감독님의 사랑을 받으며 신앙생활을 하고 있었다. 초등학교 5학년 때는 목사가 되겠다는 고백을 하게 되었고, 중학교 2학년 때는 주님을 인격적으로 만나는 성령세례를 받게 되었다. 이러한 계기로 인해 신앙생활을 충실하게 하면서 나의 생활은 교회와 학교 그리고 집 밖에 모르는 범생이로 학창시절을 지냈다.

그런데 이러한 평범하고 순수한 생활에 전환점을 가져다주는 계기가 있었다. 그것은 1979년에 일어난 10.26 박정희 대통령 시해 사건이었다. 이 사건이 일어난 후, 언론들은 잠시 자유를 만끽하면서 박정희 대통령 시대에 대한 평가를 하기 시작했다. 그 가운데 나의 귀를 통해 마음을 울린 이야기가 있었다. 독재자와 유신정책을 지지하고 축복한 소위 어용 목회자들에 대한 비판적인 보도였다. 이 보도를 접하면서 ‘나는 시대가 변해도 부정적인 평가를 받는 목사가 되지 말아야지!’라는 결단을 하게 된 것이다.

신학대학교에 들어가서도 그러한 생각에 변함이 없었다. 그러니 자연스럽게 시대와 역사, 사회와 정치의 문제에 깊은 관심을 갖게 되었다. 내가 사는 시대를 잘 알아야 진리 위에서 바르게 살고 바르게 목회를 할 수 있다는 생각 때문이었다. 이러한 생각으로 대학생활을 하면서 나의 생각은 의식화되었고 일명 ‘운동권’이 되었다.

이것이 내가 샘터교회를 가게 된 결정적인 계기였던 것이다. 어느 날 한경수 감독님이 나를 부르시더니 “네가 여기에 있는 것보다는 샘터교회로 가는 것이 좋겠다. 김성복 전도사가 운동권 출신이니 잘 맞을 것이다”는 말씀이셨다. 그래서 신학교 4학년인 1986년 초부터 샘터교회에서 주안교회 파송 전도사로 학생부를 섬기게 된 것이다.

그 때 샘터교회는 상가에 자리를 잡은 개척교회 초기였다. 매주 토요일 학생부 예배를 인도했다. 교사로는 당시 대헌공전에서 CCC간사로 활동을 하는 여선생님이 있었다. 봄이라 학생들과 함께 등산을 가게 되었다. 일명 야외예배였던 것이다. 그런데 그곳에서부터 아이들의 반응이 이상했다. 그 이 선생님에 대해서 이야기 할 때마다 나를 쳐다보는 것이었다. 그런가 하면 그 여선생님은 나에게 친밀하게 다가오기도 하고, 이야기 할 때는 얼굴이 붉어지고도 하고, 다소 곳 해지는 것이었다. 그 때마다 당황스럽기는 했지만, 그 여선생님이 나를 이성적으로 대하고 있을 것이라고는 전혀 생각하지 못했던 것이다.

그런데 문제는 몇 주 뒤에 일어나고 말았다. 주일 예배를 마치고 함께

버스 정거장으로 가던 나에게 다가 오더니 부끄러워하면서 하얀 편지봉
투를 하나 내 보이며 받으라는 것이다. 학생부 활동 보고서인 줄 알고 아
무런 생각 없이 받아 집에 도착한 후에 읽어 보게 되었다. 예쁜 대학노트
에 2장으로 쓰여 진 편지였다. 그것은 "내가 지금까지 기도하며 기다려 오
던 사람이 한전도사님입니다"는 것이었다. 그 편지는 나는 너무 당황하게
만들었다. 또 한편으로는 매우 미안한 생각이 들었다. 왜냐하면 그 여선생
님에게 내게 여인이 있다고 분명히 말했던 기억이 있었고, 더구나 그 때
나는 양가 부모님들의 허락을 받고 결혼을 이야기하며 교제하는 중이었
기 때문이었다.

내가 제일 무서워하는 것은 '기도하며 기다린다'는 것이었다. 왜냐하
면 내가 존경하는 분의 결혼도 그렇게 이루어지는 것을 보았기 때문이다.

세월이 지난 지금이야, 편안하게 그때 그 상황에서라면 그 여선생님과
사실을 이야기할 수 있는 여유가 생겼지만, 당시에는 당황하고 미안하기
도 해서 제대로 이야기 할 수 없었다. 그래서 얼마 후에 김성복 전도사님
에게 상황을 말씀드리고 교회를 떠나게 되었다. 떠났다기 보다는 아마 도
망(?)쳤다는 말이 더 정확한 표현일 것이다. 작정하고 기도하는 사람은 무
서운 사람이고, 그 기도를 들으시는 하나님은 더 하신 분이기 때문이다.

지금 돌아보면, 그 때 현재의 아내와 뜨겁게 사랑의 교제가 이루지고 있
지 않았다면, 그래서 인간적인 위로나 즐거움으로 교제하는 사이였다면
아마 그 여선생님과 다른 역사가 이루어지지 않았을까하는 생각도 해 본
다. 그래서 샘터교회가 내 인생의 반려자를 만나게 하고 가정의 행복을 누
리게 하는 샘의 근원이 되는 교회가 되었을 텐데……!

먼 시간을 지나 온 지금, 샘터교회에서의 추억 나눔이 다시 그 때의 일

을 생각나게 한다. 그래도 궁금하다, 그 여선생님은 어떻게 지내고 계신
지!그리스도 안에서 복된 생을 누리고 있을 것이라고 믿으면서......

장학헌금으로 사용하여 주세요

_ 김기영 장로

벌써 30년이 지났네요.

강산이 벌써 3번이나 바뀐 것인가요?

샘터교회 30주년을 축하하며 그간 하나님의 은총과 사랑으로 지역 교회로서 잘 성장한 샘터교회를 축복합니다.

소금과 빛된 교회로 세상을 향한 하나님의 말씀 선포에 늘 깨어 있었던 샘터교회에 하나님의 놀라우신 은혜와 은총이 임하시기를 소원합니다

저는 김성복 목사님의 교회 후배이며 고등학교 1년 후배입니다.

고등부 시절부터 김목사님은 늘 의기가 충천하셨지요.

고교생이 당시 동아일보 기자들의 대량 해직 때 분개하시면서 이 나라의 민주주의를 염려하고 걱정하셨던 선배님으로 기억되기도 하지요.

연대 신학과에 입학하셔서 주의 종으로 부름받으셨을 때도

늘 아모스처럼 '정의가 강물같이 흐르게 하라' 는 예언자적 사명에 투철하셨던 분이시지요.

신학교 졸업하신 이후 목회와 목양을 하시겠다고 선언하시고 샘터교회를 개척하셨을 때 한편 잘하실 수 있을까?라는 걱정도 했었지요.

왜냐하면 당시 목양이란 성도의 아픔과 슬픔을 잘 어루만져 주시고 더

불어 하나님의 사람으로 잘 양육하여 그리스도의 장성한 분량까지 성장하도록 세밀한 부분까지 살펴야 하는 아주 섬세한 예술과 같은 것이라고 생각했었습니다.

목사님 곁에서 눈물로 기도하고 밝은 미소로 성도의 가슴을 어루만지시는 사모님이 계셨기에 또한 가능하셨다고 믿습니다.

이은미 권사님도 제 1년 선배님으로 제가 대학교 시절 초등부 어린이 성가대 지휘를 할 때 반주자로 섬겨 주셨기에 그 아름다운 미모와 더불어 고운 마음씨로 어린이를 언니처럼 엄마처럼 보살피시는 모습을 보아 왔기 때문입니다.

하나님께서 목사님께 주시지 아니하셨던 달란트를 돕는 엔젤(천사)로 사모님을 통하여 역사하셨음을 믿습니다.

더불어 인간이 감히 판단하려 했던 것이 잘못이었음을 회개합니다.

십정동에 개척하셨을 때 많이 힘이 드셨지요.

저는 청년부 예배 때 기타를 가지고 2부 순서를 섬기기도 했지요.

주일에는 짧은 기간이었지만 대예배 시간에 성가대 지휘도 했던 추억도 있습니다.

적은 돈이지만 장학금을 헌금한 적도 기억납니다.

무엇보다도 감사드리는 것은 귀한 만남이었습니다.

샘터교회 청년 중에서 소개를 받아 부평여상을 졸업한 추양숙 자매가 저희 회사에 입사해서 사내 결혼을 하여 아름다운 가정을 이루게 되었지요.

그리고 강화에서 인천으로 이사 온 전보경 자매도 소개를 받아 정정렬 형제와 사내 결혼을 하여 지금 저희 회사의 큰 기둥의 역할을 감당하고 있습니다.

그리고 언니인 전수경 자매도 저희 회사에 근무하게 되었지요.

샘터교회를 통하여 관계의 축복을 주신 하나님을 찬양합니다.

30년 샘터교회의 창립을 축하드리면서 감히 부탁드리고 싶은 것이 있습니다.

요즘 교회가 세상의 희망이 되기보다는 손가락질 받고 근심이 되고 있습니다.

이 때 샘터교회가 교회의 이름 그대로 영혼의 갈증을 해결하는 샘솟는 터전이 되기를 소원합니다.

그리고 처음 교회 설립 시절의 첫 마음으로 하나님을 사랑하며 이웃을 사랑하는 귀한 지역 교회 공동체를 잘 섬겨 주시기를 주님의 이름으로 중보합니다.

감사합니다.

3. 세상을 변화시키는 교회

- 담임목사 설교문

담임목사 설교를 게재하기까지

_ 김성복 목사

교회사를 편집하는 데 설교 서너 편이 있으면 좋겠다는 제안을 받고 망설였다. 꼭 설교가 들어가야 하나? 개신교 목사님들의 설교에 대한 비판이 많은 데 굳이 나의 설교까지 역사 자료로 내놓을 필요가 있을까 하는 생각이 있어서다. 거기에다가 나는 설교를 원고 없이 한다. 다행히도 2004년 전후로 녹음하여 샘터교회 홈페이지에 올린 설교가 여러개 있어 망설이고 망설이다가 용기를 내어 두 세편 옮겨보기로 한다.

나의 '설교 스타일' 은 설교 제목은 미리 주보에 기록되어있고 설교내용은 요점만 몇 가지 정리하여 강단에 선다. 물론 예화는 반드시 원문 그대로 적거나 복사하거나 아니면 신문 스크랩 등 원자료를 그대로 들고 강단에 선다.

글을 쓰고 읽는 설교와 말하고 듣는 설교에는 분명한 차이가 있다고 확신한다. 많은 설교학 교수님들은 설교를 글로 써서 준비하여 읽을 것을 권하고 있다. 일면 옳은 말씀이다. 정성스럽고 헛소리 안할 수 있다. 그런데 이런 설교를 듣는 청중들의 상태를 보면 상당 부분이 졸고 있다. 졸지 않는 사람들도 딴 생각이나 스마트폰을 사용하고(요즘 말로 폰질을 하고) 있다.

반면에 말하는 설교는 요점만을 가지고 한다. 청중들의 얼굴을 보면서 메시지를 전하다가 잘 이해가 안 되는 표정을 보면 다시 설명하고 넘어간다. 경우에 따라서는 복창-따라하기도 한다.

말하는 설교는 그 말투가 일상대화적인 것이 특징이다. 이야기 하듯이 설교한다. 물 흐르듯이 설교한다. 부흥강사들이 부흥회를 인도할 때, 대부분 원고를 놔두고 다 외워서 집회를 인도하는 데, 청중들과 주거니 받거니 하면서 소통하여 흥미진진한 것을 알 수 있다.

샘터교회 예배는 십 수 년 전부터 성서일과 lectionary를 사용한다. 삼년에 한 번씩 본문이 돌아온다. 적어도 다섯 번 이상을 같은 본문을 가지고 설교한 셈이다. 그러다보니 본문 중심의 강해설교를 할 때도 있고 주제 중심의 제목설교를 할 때도 있다. 예화는 설교자 노트를 사용하거나 강단과 목회 등에서 얻어왔다.

설교문을 게재하자니 글로 남겨 논 설교가 별로 없다 보니깐 많은 어려움이 있다.

원고 없이 한 설교를 녹음하여 다시 받아 적고-녹취하고, 그것을 읽을거리로 만들자니 여간 힘든 것이 아니다. 이 글을 읽는 분들은 설교하는 나를 상상하고 듣는 것처럼 읽어주기를 바란다.

첨언하여 설교 한 편을 위하여 준비하는 시간은 대충 평균 잡아 5~7시간 정도이다. 엎치락뒷치락 넣다뺐다 엎어치고메치고 뒤죽박죽 얼렁뚱땅 그럭저럭 준비하여 설교하다보니 성령님께서 함께 해 주시지 않으면 설교가 아니라 설사가 된다. 그런지 아닌지는 듣는 사람 얼굴에 드러나 있다. 설교 준비하는 시간에 교인들이 설교준비하시는 목사님들을 위하여 중보 기도해 주어야 할 이유가 여기에 있다.

'세상을 변화시키는 교회'를 위하여

설교일 : 2004년 01월 04일

제1봉독 : 예레미야 31 : 7~14

제2봉독 : 에베소서 1 : 3~14

본문말씀 : 요한복음 1 :10-18

[그가 세상에 계셨으며 세상은 그로 말미암아 지은바 되었으되 세상이 그를 알지 못하였고 자기 땅에 오매 자기 백성이 영접지 아니하였으나 영접하는 자 곧 그 이름을 믿는 자들에게는 하나님의 자녀가 되는 권세를 주셨으니 이는 혈통으로나 육정으로나 사람의 뜻으로 나지 아니하고 오직 하나님께로서 난 자들이니라 말씀이 육신이 되어 우리 가운데 거하시매 우리가 그 영광을 보니 아버지의 독생자의 영광이요 은혜와 진리가 충만하더라 요한이 그에 대하여 증거하여 외쳐 가로되 내가 전에 말하기를 내 뒤에 오시는 이가 나보다 앞선 것은 나보다 먼저 계심이니라 한 것이 이 사람을 가리킴이라 하니라 우리가 다 그의 충만한데서 받으니 은혜 위에 은혜러라 율법은 모세로 말미암아 주신 것이요 은혜와 진리는 예수 그리스도로 말미암아 온 것이라 본래 하나님을 본 사람이 없으되 아버지 품속에 있는 독생하신 하나님이 나타내셨느니라]

2004년 새해를 맞이하여 첫 주일예배를 주님 앞에 드리시는 여러분과,

여러분 가정위에 하나님의 은혜와 복이 충만하기를 주의 이름으로 축원합니다.

우리가 한 해를 시작할 때는 새로운 결심을 하게 됩니다. 그 결심은 목표를 향한 자기 다짐이라고 말할 수가 있습니다. 그런데 저는 오늘 이 시간에 여러분과 함께 우리가 실천할 2004년의 결심에 몇 가지를 생각해 보면서 과연 우리가 하나님 앞에 그 결심을 추진할 수 있는 에너지를 가지고 있는가를 확인했으면 합니다. 첫째로 내가 하나님에게 해야겠다고 결심하는 작은 일이 있느냐 하는 것입니다. 둘째로 내가 교회 안에서 해야겠다고 결심하는 작은 일은 무엇이냐 하는 것입니다. 셋째로 내가 어느 교인에게, 혹은 어느 교인들에게 해야겠다고 결심하는 작은 일은 무엇이냐 하는 것입니다. 그 다음, 내가 남편에게 아내에게 해야겠다고 결심하는 작은 일은 무엇이냐 하는 것입니다. 다섯 번째로 내가 자녀들, 혹은 다른 자녀들에게 해야겠다고, 혹은 부모님에게 해야겠다고 결심하는 작은 일은 무엇이냐 하는 것입니다. 여섯 번째로 내가 친지들에게 해야겠다고, 친척들에게 해야겠다고 결심하는 작은 일은 무엇이냐 하는 것입니다. 일곱 번째로 내가 어느 친구에게 해야겠다고 결심하는 작은 일은 또 무엇이냐 하는 것입니다. 내가 사회와 교회를 위하여 그리고 이 세계를 위해서 해야겠다고 결심하는 작은 일은 무엇이냐 하는 것입니다.

목표는 다 크고 원대합니다.

그런데 그 실천해 나가는 데에 있어서 지금 내가 선택한 작은 일이 무엇이냐, 그것을 저는 여러분과 함께 생각해 보고자 하는 것입니다.

옛날에 어느 주인이 있어서 먼 여행을 떠나면서, 어떤 사람한테 열 므나를, 어떤 사람한테 다섯 므나를, 어떤 사람한테는 한 므나를 맡기면서 떠났습니다. 한참 만에 돌아왔는데 그 열 므나를 받은 사람한테 "너 뭐했냐?" 물었습니다.

"아! 저는 이 열 므나를 가지고 또 열 므나를 남겼습니다. 장사를 해서 이렇게 남겼습니다." "야! 잘했다. 착하고 충성된 종아, 네가 작은 일에 충성하였으매 내가 열 마을을 너에게 주리니 네가 거기서 경작을 하고, 그 마을을 다스리도록 해라." 하고 축복을 했습니다.

다섯 므나를 맡겼던 사람을 불렀습니다. "너는 어떻게 했냐?" 하고 물었습니다.

"저는 이 다섯 므나를 가지고 사업을 해서 다섯 므나를 남겼습니다."

"야! 너도 참 착하고 충성된 종이로구나. 네가 작은 일에 충성하였으니 가서 다섯 고을을 차지하고 거기서 경작을 하며 다스리도록 해라." 했습니다.

한 므나를 맡긴 사람한테 "너는 어떻게 했냐?" 물었습니다.

"저는 이 한 므나를 헝겊에 싸서 보관해 두었다가 지금 여기 이렇게 갖고 왔습니다."

"이 어리석은 종아 너는 작은 일에 충성하지 아니하였으므로 사라져라" 하는 심판을 받게 되었다고 하는 내용의 말씀이 누가복음 19장에 있습니다.

우리가 원대한 목표를 가지고 출발을 하는데, 그 출발에 있어서 반드시 마음속에 염두 해 두어야 할 것은 작은 일에 충성하는 것입니다. 조그만 일에 충성할 수 있는 사람이 진정으로 목표를 이룰 수가 있습니다.

우리가 예수 믿는 것은 하나님 나라 운동을 하는 건데요, 여러분 이 하나님 나라 운동이 큰 댐을 만든다든지, 지구상에서 제일 큰 빌딩을 세운다든지, 최고로 많이 교인이 모이는 교회를 만든다든지⋯⋯. 하나님 나라 운동이 그런 게 아니라는 거예요. 제가 어느 날 새벽기도하면서 말씀을 읽는데 눈이 번쩍 뜨였어요. 하나님 나라는, 천국은 겨자씨와 같은 것이다. 겨자씨라고 하는 것이 얼마나 작은 씨앗이에요? 정말 겨자씨가 작더라구요⋯⋯.

성지순례 다녀오신 어느 목사님이 겨자씨를 넣어서 책갈피를 만들어주셨는데, 하여간 그 겨자씨를 볼 때마다 제가 느끼는 건데, 정말 작습니다.

그런데 그 겨자씨가 땅에 떨어져서 싹이 나서 자라가지고, 잎이 나고, 나무가 되면 그 나무에 와서 새들이 와서 깃들일 정도가 된다 하는 겁니다. 아주 작은 씨앗인데, 먼지만한 것인데 이게 나중에는 엄청난 변화를 일으킨다는 것입니다.

천국은, 하나님 나라는 겨자씨와 같은 것입니다.

그 다음에 여러분 밀가루를 물에다 반죽을 해서 거기다가 누룩을 집어넣는데, 누룩을 조금 집어넣더라도 그 빵 전체가 나중에 보면 크게 부풀어가지고, 변화돼 있는 것을 볼 수가 있습니다. 천국은 누룩과 같은 것이다 그랬습니다. 예수님께서 말씀하시기를 천국은 누룩과 같은 것이다. 이 누룩과 같이 조그마한 것인데 그것이 결국에 가서는 밀가루 전체를 변화시켜서 먹을 수 있게끔 만드는 그런 것을 볼 수가 있습니다.

천국은, 하나님 나라는 이렇게 작은 것들이 만들어내는 겁니다.

"우리가 이 세상을 변화시키는 교회가 되자" 해서 2004년을 오늘 힘차게 출발하려고 합니다만, 이게 무슨 뜬구름 잡는 얘기가 아니라는 것 이예요. 작은 일에 충성하면서 정말로 자기에게 맡겨진 직분을 잘 감당하는 거, 아주 작은 역할을 잘 수행하는 거, 이것이 곧 세상을 변화시켜서 하나님 나라로 만드는 그 운동이 되는 줄로 믿습니다. 그러니까 여러분 이 세상을 변화시킨다고 하는 것을 너무 거대하게 생각하지 마시고, 여기에서 작은 일에 충성하면서 겨자씨처럼, 누룩처럼 작지만 자기의 역할을 충실히 감당하는 것이 중요하다 하는 것입니다. 저는 세상을 변화시키는 교회를 여러분과 함께 이 한해 동안 만들어 가면서 먼저 우리들 자신이 열등감에서 벗어나자고 말씀을 드리고 싶습니다. 다른 교회는 크기 때문에 건물도 크고, 예산도 많고 그래서 다른 교회는 이런 사업도 하고, 저런 사업도 하고, 오케스트라도 있고, 그런데 우리는 뭐도 없고, 뭐도 없고, 뭐도 없고……. 생각하면서 열등감에 빠져들면 아무것도 할 수 없습니다. 제가 드리려고 하는 말씀이 무슨 말씀인지 여러분 아시지요?

작은 일에 충성하면서 작은 역할, 겨자씨와 같이, 누룩과 같이 작은 역할 감당하면 엄청난 변화를 일으킬 수 있음에도 불구하고, 쓸데없는 열등감, 여기에 사로잡혀 가지고 아무것도 할 수 없다고 생각하는 것이 그게 바로 마귀다 하는 겁니다. 이 열등감은 교회뿐만이 아니고, 교회 전체뿐만이 아니고 우리들 자신도 망치게 만드는 겁니다. 여러분, 종교개혁자 루터에 관한 이야기 한 가지 이 시간에 말씀을 드리겠습니다.

여러분, 이 중세기에는 학생들이 공부하는데 등록금을 마련해야지 않습니까? 그런데 돈이 없습니다. 그러면 부잣집에 가서 노래를 부르는 겁니다. 중세 때 무슨 노래를 불렀을까…… 궁금합니다.

하여간 집주인이 노래를 듣고 노래를 잘 불렀다 싶으면 돈을 많이 주고,

노래를 형편없이 불렀다 싶으면 돈을 조금 주거나 아니면 쫓아버리고, 그렇게 해서 그 돈을 모아가지고 등록금을 내고 공부를 했다고 합니다. 루터도 등록금이 필요했기 때문에 어느 부잣집 창문 앞에 가서 노래를 부르기 시작했습니다. 큰 소리로 노래를 불렀습니다. 그래야 듣고 나와 가지고 기부금을 줄 거 아닙니까? 큰 소리로 노래를 불렀는데 노래를 시작해서 얼마 되지 않아, 갑자기 집주인이 문을 탁 열고 나와서 근데 얼굴이 울그락, 불그락 해가지고 마당에서부터 뛰어나오는 게 보이는 겁니다. 루터가 "아이구야 나 죽었구나!" 하면서 뒤돌아서서 막 도망을 쳤습니다. 막 도망을 치는데 집주인도 열심히 쫓아옵니다.

'저 주인이 차라리 내가 도망을 치면 가만히 있기나 하지 왜 쫓아오는 거야?' 하면서 잡히면 이젠 죽었다 생각 하고 열심히 뛰다가 결국에는 집주인한테 잡혀버렸습니다.

그런데 이 집주인이 딱 잡자마자 "너 왜 도망갔냐?" 그러면서 장학금을 주는 겁니다.

루터는 노래를 잘 할줄 몰랐습니다. 그래서 마음속에 열등감이 꽉 차 있었습니다.

그러기 때문에 집주인이 저기에서 나오는 걸 봤을 때, 자기를 야단칠 거라고 지레짐작을 하고 줄행랑을 놨던 것입니다. 그 사람은 루터에게 장학금을 주려던 따뜻한 마음의 자선가였었는데 말입니다. 훗날 루터는 그때를 회상하며 이렇게 말했습니다.

"나는 목소리가 별로 좋지 않다는 열등의식 속에 노래를 하다보니 그 사나이가 뛰어나오는 것도 나를 해치려는 것으로 여겨졌다. 두려움의 안경을 끼고 보면 세상만사가 걱정과 염려로 가득 차 있고, 믿음의 안경으로 갈아 끼면 세상이 다 감사하고 좋게 보이며 하나님의 손길이 보인다.” 이렇게 말하고 있습니다.

　여러분, 이 세상을 변화시키는 교회를 만들기 위해서 믿음의 안경으로 새롭게 우리를 갈아 끼워야 할 줄로 믿습니다. 그래서 새로운 각오, 새로운 다짐, 새로운 용기로 출발할 수 있었으면 합니다. 절대로 열등감에 사로잡혀서 ‘아, 우리교회가 요 교인가지고 뭘 할 수 있겠느냐? 이런 생각은 추호도 하지 마시기 바랍니다.

　여러분, 지난 한 해 동안 결산 낸 거, 어제 재무부 부장님과, 서기 회계와 우선 검토를 했습니다. 오늘 기획위원회 때 보고하고, 재무부 회의에 보고하고, 구역회에서 통과시키게 될텐데, 결산 낸 걸 보니까 1억 2천 8백만 원이던가요? 어림잡아서 그 정도가 됐습니다.

　예산을 세웠는데 예산보다도 추가했습니다. 우리가 IMF때 엄청나게 힘들었습니다. 정말 그때 돌아보고 싶지도 않습니다. IMF 그 어려울 때에 교회 증축해가지고 사회봉사관 2층과 3층을 증축하느라고 그때 아주 엄청나게 힘들었습니다. 제 급여를 1년 동안 못 받으면서 돈을 꿔가지고라도 헌금을 드렸습니다. 그때는 정말 엄청나게 힘이 들었습니다. 예산에 미달돼 가지고 교회재정이 너무도 힘들었습니다. 그러한 가운데에 이쪽으로 이사를 왔습니다. 그런데 지금 이렇게 교회가 점차, 점차 성장해서 오늘까지 이렇게 예산을 세웠는데. 예산 세울 때 ‘어휴 그걸 어떻게 달성하나? 다들 한숨부터 쉬었었는데 그것을 채워주시는 하나님의 역사를 보면서 우리가 절대로 지레 겁을 먹거나 우리는 이것을 이룰 수 없다는 열등감을 갖는 것은 정말로 금물이라는 생각을 갖게 되었습니다. 무슨 눈으로 보느냐 하는 것입니다. 두려움의 안경을 끼고 보느냐, 믿음의 안경으로 보느냐에 따라서 세상의 결과는 엄청나게 달라질 수가 있습니다. 세상을 변화시키는 교회가 될 수 있다고 하는 자신감을 가지고 믿음의 안경을 끼고, 이 세상을 바라보면서, 이 세상 어둠과 죄악으로 점철돼 있는 이 세상을 빛과 소금으로 변화시켜 나갈 수 있는 우리가 될 수 있기를 주님의 이름으로 축원합니다.

미국에서 한 신발회사가 있는데, 그 신발회사의 사장이 아프리카에 가서 현지조사를 하고 오라고 했습니다. 두 사람이 갔습니다.

한 사람은 보고서에 "이 사람들은 맨발로 다니고 있습니다. 따라서 이 사람들한테 신발 팔아먹기는 다 틀렸습니다. 그러니까 일찌감치 포기하시기 바랍니다." 라고 보고서를 올렸습니다.

또 한 사람은 "이 사람들은 다 맨발입니다. 그러니 앞으로 신발을 팔 가능성이 무궁무진합니다. 무진장의 기회가 있습니다." 라고 보고서를 올렸습니다.

먼저 말한 사람은 불가능을 얘기했습니다. 이 불가능을 말했던 이 직원은 평생 말단 사원에 머물렀다고 합니다. 그런데 이곳에는 아직도 아무도 신을 신지 않았으므로 판매가능이 무진장이라고 보고서를 제출했던 후자의 그 사원은 훗날에 아프리카 지사장을 거쳐서 그 신발회사의 사장이 되었다고 하는 것입니다. 이것은 그 사람이 가지고 있는 '분석능력의 차이'라기 보다는 '가치관'의 차이입니다. 무엇을 생각하고 있느냐? 그 차이라고 하는 것입니다.

오늘 우리는 세상을 변화시키는 교회가 이 샘터교회를 통하여 가능하다고 생각하고, 그 가능성에 불을 댕기면서 출발했으면 합니다. 세상을 변화시키기 위해서는 우리가 변화되어야 합니다. 늘 드리는 말씀이지만 먼저 우리들 사이에서 친밀감을 느껴야 합니다.

여기 샘터교회에 오면 만나는 사람마다 친밀감을 느끼고, '아! 참 좋다.' 이렇게 평안한 마음을 느끼고, 그래서 교회 오면 마음이 평안해지고 여기에서 천국을 맛볼 수 있어야 합니다. 먼저 교회가 천국이 되어야 합니다. 먼저 교회가 하나님의 나라가 되어야 합니다. 그렇게 되기 위하여 우리는 친밀감을 가질 수 있어야 합니다. 이 친밀감을 이루기 위하여 여러분에게 제안합니다. 이제 친밀감을 느끼기 위해서 우리는 벗어야 하겠습니다. 다 이제 벗으십시다. 위선의 모든 것을 다 벗어야 그래야 친밀감을……

옆에 있는 사람 다시 한번 둘러보세요. 내가 이분하고 지금 친밀감을 느끼고 있습니까?

뭔가 담이 있고 벽이 있다 이 말이죠. 거리가 느껴집니다. 그럴 때는 우리가 여기서 천국을 맛볼 수가 없습니다. 아담과 하와가 아무것도 걸치지 않았다고 하는데, 거기가 바로 낙원이요, 거기가 바로 천국입니다. 그런데 이 나뭇잎으로 옷을 해 입고 나서부터 세상이 생기고 만 겁니다. 세상을 변화시키기 위해서는 우리가 벗어야 합니다. 위선적인 것, 이 겉치레, 허위의식, 이것 다 벗어야 합니다. 껍데기는 다 벗어야 합니다. 그래서 우리가 진실로 속살을 드러낼 때에, 상대방의 진면목을 다 보게 될 때에 친밀감을 느끼며 살아가게 될 것입니다. 그래서 우리 교회가 그러한 친밀감 속에서 하나가 되어갈 때에 '여기가 바로 천국이로구나!' 하는 생각을 갖게 될 것이고 그 향기가 퍼져나갈 때에 동네사람들이 '나도 저 속에 들어가서 친밀감을 느끼며 지내고 싶어.' 해서 오는 거, 그게 바로 전도가 될 것입니다.

그리고 이 교회가 의사소통이 이루어지는 교회가 되기를 원합니다.

남편은 "동이요" 했는데, 아내는 "서요" 그러고, 부모는 "남이요" 했는데, 자녀들은 "북이요" 해가지고 의사소통이 되지 않는 집안이 콩가루 집안이라고 이야기 합니다.

그런데 이 콩가루 집안이 만약 교회에서 또다시 반복돼서 목사님은 "산으로 갑시다." 했는데 교인들은 "바다로 가요" 그러고, 장로님들은 "북한강으로 갑시다." 그랬는데 교인들은 "아니요 남한강으로 갑시다." 그러면 되겠어요? 의사소통이 이루어지지 아니하면…….

끊임없이 대화해야 합니다. 대화하는데 있어서 제일 중요한 거 한 가지 더 말씀드리고 오늘 설교를 마치고자 합니다. 상대방을 인정하는 겁니다. 상대방을 무시하면서 대화한다는 건, 그것은 위선이요, 그것은 대화가 아닙니다. 강요일 뿐입니다. 상대방을 있는 그대로 놓고 대화를 할 수 있어야 합니다. 있는 모습 그대로…….

그래서 상대방이 이 눈높이면 나를 낮춰서 그 눈높이에 맞춰야 되는 겁니다.

남편은 아내의 눈높이에 맞추고, 아내는 남편의 눈높이에 맞추고, 부모는 자녀의 눈높이에 맞추고, 자녀는 부모의 눈높이에 맞추고, 그래야 그 집안이 의사소통이 이루어지는 집안이 되는 거와 마찬가지로 교회에서도 마찬가지입니다.

목사님은 눈이 이렇~게 높아서 날마다 뜬구름 잡는 얘기만 하고, 교인들은 그냥 날마다 땅바닥만 쳐다보고, "으이그 여기 돌부리 천지인데 여

길 어떻게 가라고~” 그러고 있다 보면 되겠습니까? 서로 눈높이를 맞춰서 의사소통이 이루어질 때에 우리 교회가 천국이 될 줄로 믿습니다.

그렇게 될 때에 “야! 저 교회 가니까 참 분위기 좋다.” 하는 겁니다.

교회 나와서 분위기 좋으면 그 다음 주에 또 오게 돼 있어요.

설교를 좀 목사님이 죽을 쑤더라도…….

교인들이 따뜻하게 손 잡아주고, 분위기만 좋으면 그 다음 주에 또 오게 돼 있어요.

마음의 평안을 얻고 가면 또 오게 돼 있다 이겁니다.

그러면 세상이 변화되는 겁니다. 세상의 변화는 다른 데에 있는 것이 아니라, 물론 이제 4.15총선 때에 투표도 잘해야 되고요, 국회의원도 잘 뽑아야 되고요, 그런 거 다 잘해야 되지요. 그러나 먼저는 우리가 이 교회를 하나님 보시기에 아름답게 친밀감이 느껴지는 교회, 의사소통이 이루어지는 교회로 만들어서 이 속에 와서 정말 기분이 좋은 것을 느끼고, 마음의 평안함을 얻고 갈 때에, 그 향기가 세상에 있는 사람들한테 전해지고 그래서 많은 이들이 교회로, 하나님의 나라로 오게 될 때에 진정한 변화가 이루어질 줄로 믿습니다.

계속되는 시련 속에서

설교일: 2004년 12월 26일

제1봉독 : 이사야 63:7~9

제2봉독 : 히브리서 2:10~18

본문말씀 : 마태복음 2:13 ~ 23

[그들이 떠난 후에 주의 사자가 요셉에게 현몽하여 이르되 헤롯이 아기를 찾아 죽이려 하니 일어나 아기와 그의 어머니를 데리고 애굽으로 피하여 내가 네게 이르기까지 거기 있으라 하시니 요셉이 일어나서 밤에 아기와 그의 어머니를 데리고 애굽으로 떠나가 헤롯이 죽기까지 거기 있었으니 이는 주께서 선지자를 통하여 말씀하신바 애굽으로부터 내 아들을 불렀다 함을 이루려 하심이라 이에 헤롯이 박사들에게 속은 줄을 알고 심히 노하여 사람을 보내어 베들레헴과 그 모든 지경 안에 있는 사내아이를 박사들에게 자세히 알아본 그 때를 기준하여 두 살부터 그 아래로 다 죽이니 이는 선지자 예레미야로 말씀하신바 라마에서 슬퍼하며 크게 통곡하는 소리가 들리니 라헬이 그 자식을 위하여 애곡하는 것이라 그가 자식이 없으므로 위로 받기를 거절 하였도다 함이 이루어졌느니라 헤롯이 죽은 후에 주의 사자가 애굽에서 요셉에게 현몽하여 이르되 일어나 아기와 그의 어머니를 데리고 이스라엘 땅으로 가라 아기의 목숨을 찾던 자들이 죽었느니라 하시니 요셉이 일어나 아기와 그의 어머니를 데리고 이스

라엘 땅으로 들어가니라 그러나 아켈라오가 그의 아버지 헤롯을 이어 유대의 임금 됨을 듣고 거기로 가기를 무서워하더니 꿈에 지시함을 받아 갈릴리 지방으로 떠나가 나사렛이란 동네에 와서 사니 이는 선지자로 하신 말씀에 나사렛 사람이라 칭하리라 하심을 이루려 함이러라]

예수님 탄생은 그렇게 호화로운 모습이 아니었습니다. 여러분 다 아시다시피 베들레헴 마굿간의 말구유라고 하는 곳은 그렇게 아름다운 장소가 아닙니다. 마굿간에 한 번 들어가 본 경험이 있으신 분들, 거기서 나오는 냄새가 어떤 건지 지금 한번 기억해 보시기 바랍니다.

그야말로 낮고 천하고, 어떻게 보면 지저분하고 냄새나는 곳입니다. 그곳에 아기예수님께서 오셨습니다. 이렇게 탄생하신 예수님의 그 탄생 이후의 역사는 계속되는 시련의 역사입니다.

순탄한 적이 한 번도 없었습니다. 태어나자마자 이 아기예수 앞에 떨어진 것은 학살명령입니다. 살해하라는…….

그 나이또래의 아이들은 다 죽이라고 하는, 잔인무도한 헤롯의 명령이었습니다.

그 명령을 미리 감지하고 천사들의 도움을 받은 요셉과 마리아는 이 아이를 보호하면서 애굽으로 피난살이를 떠납니다.

사랑하는 성도 여러분! 이 피난살이를 낭만적으로 생각하시면 절대 안 됩니다.

연세 높으신 어느 분에게서 제가 들은 말씀인데 "저는 꿈을 꾸면 전쟁하는 꿈, 시체 처리하는 꿈, 장사지내는 꿈, 그 전쟁 속에서 있었던 그런 꿈을 계속 꿉니다." 하는 그런 이야기를 전해 듣습니다.

6 · 25를 경험한 세대들이 특별히 그런 꿈을 많이 꾸는 것을 볼 수가 있습니다.

그 상처가 얼마나 깊은가 하는 것을, 우리가 알 수 있는 것입니다.

마찬가지로 애굽의 피난살이를 하고 있었던 요셉과 마리아, 그 시대의 그 상황 결코 편안하지 않았던 것을 우리가 기억하면서 큰 시련 속에서 얼마나 고생을 하였을까 짐작할 수가 있습니다.

그리고 돌아와서 안착한 곳이 유대 땅 아니고, 사마리아 아니고 그 북쪽의 갈릴리에 있는 나사렛이라고 하는 동네입니다. 보잘 것 없는 초라한 시골마을, 그곳에 예수님께서 안착하시고 거기에서 성장하시게 되었다고 성경은 우리에게 전해주고 있습니다.

예수님의 태어나서부터 어린 시절의 역사는 그야말로 시련과 역경의 연속이었습니다.

죽음의 세력이 지배하고 있던 상황 속에서 생명으로 오신 주님은 이렇게 시련과 역경을 당할 수밖에 없었습니다. 어두움이 다스리고 있던 그러한 상황 속에서 빛으로 오신 주님은 이렇게 시련과 역경을 겪을 수밖에 없었습니다. 그렇게 주님은 오셨습니다.

지난 한해를 돌아보면서 이 시련과 역경이라는 말을 다시 이야기하지 않을 수가 없습니다. 우리나라 사정도 그랬습니다. 탄핵이 있었고, 4 · 15 총선이 있었고, 탄핵무효가 헌재에서 판결났고 그 다음에 신행정수도가 또 탄핵을 받았고 그래서 인용결정이 내려졌고 그러한 격동의 시련과 역경의 한해였던 것을 우리가 말하지 않을 수가 없습니다.

그리고 지금까지는 국회에서 국가보안법을 비롯한 사대개혁입법이 통과되느냐 마느냐에 그러한 시련의 시간이 아직도 우리에게 계속되고 있습니다. 그것은 나라의 사정이고요, 우리 교회적으로 돌아볼 때는 교회도 여러 가지 많은 어려움이 있었습니다.

먼저 여러분에게 말씀드리지 않을 수 없는 것은 우리들의 사랑하는 형제자매 두 분이 우리 곁을 떠나서 하나님 품으로 가셨습니다.

고 이시녕 집사님과 고 인문광 성도님, 우리와 함께 더 이상 신앙생활을 할 수 없게 하나님께서 부르셨습니다. 저희 사무실에 교인 전체 사진 찍어 놓은 것을 확대해 놓은 것이 있는데 그 것을 볼 때마다 고인의 얼굴을 대하게 됩니다. 그때마다 고인들이 우리와 함께하지 못하고 있다고 하는 것, 그러면 우리 살아있는 사람은 도대체 어떻게 무엇을 하며 살아야 되는가에 대해서 생각하게 됩니다. 교회 안에도 여러 가지 시련이 있었습니다만 그 모든 시련을 하나님께서는 잘 이겨낼 수 있는 지혜와 용기와 능력을, 성령을 통하여 우리에게 베풀어주셨습니다.

그리하여 오늘 우리는 2004년 마지막 주일 예배를 드리기 위해 이 자리에 있는 것입니다.

저는 샘터교회를 정말 하나님의 사랑을 맛보는 교회라고 그렇게 확신하고 목회하고 있습니다. 샘터교회 교인들은 마음이 넓어서 그 모든 것을 다 받아줄 수 있는 그러한 자비롭고 너그러운 마음을 가진 교인들로 충만해 있습니다. 샘터교회는 따뜻한 온기가 있는 교회입니다. 서로를 감싸주고 위로하며 서로에게 힘이 되어주는 그러한 신앙공동체입니다.

정말 하나님이 사랑하시는 공동체라고 감히 증거 하지 않을 수가 없습니다.

우리는 이 샘터교회를 통하여서 하나가 되고 지금까지 한걸음으로 달려왔습니다. 이 교회는 하나님이 사랑하시는 교회고 하나님이 인도하시는 교회요, 하나님이 보호하시는 교회인줄로 믿습니다. 그리고 이 교회에 함께한 모든 구성원들, 우리 성도들, 목회자와 성도들 정말 진정으로 사랑하며 위로하며 격려하며 서로에게 힘이 되어주고 붙들어주고 세워주고 아픈 상처 어루만져주고 그래서 하나가 되어서 나아가는 공동체입니다.

저는 오늘 이 시련과 역경 속에서 다시 한 번 우리는 '우리' 라고 하는 의식을 회복하였으면 합니다.

제가 지난번에 한번 예화로 말씀드린 기억이 있습니다만 어디 가서 얘기할 때 우리 집이라고 이야기합니다. 내 집이라고 얘기하지 않습니다. 우리 집이라고 말합니다.

아내나 남편을 이야기 할 때도 우리아내, 우리남편 이렇게 이야기합니다. 우리 집사람, 우리 바깥양반, 이렇게 우리라는 말을 앞에다 붙입니다. 부인이 여럿 있는 것도 아니고, 남편이 여럿 있는 것도 아닌데 우리는 우리라는 말을 이용합니다.

한국의 언어구조는 집단적 사고체제를 가지고 있습니다. 그런데 이것이 가족이라고 하는 틀을 벗어나면 우리라고 하는 것을 이르기가 상당히 힘듭니다. 서로 분화돼 있고, 갈라져있고, 그리고 산산조각 나 있기 때문에 그렇습니다.

한국교회의 진정한 성장을 이루냐 못 이루냐 하는 것은 이 교회를 통해서 우리라고 하는 것이 성취 될 수 있느냐 없느냐에 달려있다고 볼 수가 있습니다.

　제가 그렇다고 우리라고 하는 단어가 유일한 해결방침이라고 하는 것은 결코 아닙니다.

　그러나 우리라고 하는 의식이 회복되지 않고서는 다가올 시련과 역경을 결코 이겨낼 수 없기 때문에 우리는 다시금 우리라고 하는 의식을 회복해야 하고 그것을 강화해야 할 시점에 와 있습니다.

　몇 년 전에 '푸른행성' 이라고 하는 그러한 영화가 있었습니다. 우주왕복선에서는 지구를 바라볼 수 있습니다. 그 우주왕복선을 타고 있던 우주비행사들이 이야기 합니다.

　"저것 좀 봐 저기가 바로 우리가 살고 일하며 우리 가족이 있는 곳이구나! 저기가 우리 고향이야. 정말 아름답지 않아!!" 하면서 지구를 바라보는 그 우주인들의 이야기를 들을 수가 있습니다. 갑자기 우리라고 하는 말이 완전히 새롭게 다가오게 된다고 말하고 있습니다. 우주왕복선에서 지구를 보면 사람들 사이에 증오와 폭력과 전쟁과 억압과 굶주림과 파괴를 낳는 그 많은 차이점들이 참으로 보잘 것 없어지고 우스꽝스러워지는 것을 확인할 수가 있다는 것입니다. 우리가 우주왕복선과 지구와의 그 거리를 갖게 되면 우리가 같은 고향사람들이며 서로에게 속해있다는 사실과 지금뿐만이 아니라 먼 미래에도 이곳에 살기 위해 우리의 아름다운 푸른행성인 지구를 함께 돌보아야 한다는 사실이 수정처럼 맑고 분명해지는 것입니다.

　예수님이 오래전에 말씀하셨듯이 우리는 참으로 형제며 자매입니다.

여러분 한번 따라 하시기 바랍니다.

"우리는 형제요 자매다."

우리는 하나인 것입니다.

더 이상 남이 아닌 것입니다.

옆에 있는 사람이 '나' 인 것입니다.

나의 일부인 것입니다. 우리는 모두 아주 연약한 존재로 태어났습니다.

사실 사람이 강한 것 같아도 한없이 연약한 존재가 사람이라고 하는 것, 지난 한해를 통해서 제 자신이 실감할 수 있었습니다. 용감한 사람, 강한 사람인 것 같지만 그러나 속은 하염없이 약한 존재가 바로 우리 인간이이라고 하는 것입니다.

태어난 아기의 보드라운 살결, 맑고 청명한 눈빛 그러나 인간은 아주 연약한 존재로 태어난 것입니다. 그리고 죽을 때의 인간의 모습은 또한 아주 연약한 존재로 죽습니다.

우리 고향을 멀리서 바라볼 때에, 우리 지구를 멀리서 바라볼 때에 우리가 한분이신 하나님의 자녀인 동시에 서로 형제자매라는 깊은 깨달음을 가질 수 있는 것입니다.

더 이상 옆에 있는 사람을 남이라고 생각하지 맙시다.

나의 형제요 나의 자매라고 하는 것입니다. 우리라고 하는 것입니다. 나의 분신이라고 하는 것입니다. 그렇기 때문에 상대방을 용서할 수 있어야 하고 상대방을 받아들일 수 있어야 합니다. 이렇게 형제자매라는 깊은 깨달음을 가지고 살다가 결국 우리는 죽을 수 있는 것입니다. 죽음이라고 하는 것은 가장 큰 선물입니다. 죽음이라고 하는 것은 결코 끝이 아닙니다. 실패가 아닙니다. 그것은 우리의 완성인 것입니다. 서로를 진실하게 돌볼

수 있는 그 이유는 바로 우리 앞에 죽음이 있기 때문입니다. 우리는 다시 한 번 삶에의 용기를 가져야 하겠습니다. 시련과 역경이 계속되지만 우리에게 생기를 주시는 하나님이 계시기 때문에 다시 한 번 일어나야 할 것입니다.

우리에게 새로운 힘을 주시는 성령이 계시기 때문에 다시 한 번 도전해야 할 것입니다.

우리는 시련과 역경 때문에 주눅이 들어있습니다. 그리고 자포자기하고 무너져가고 있습니다. 그것으로 인해서 완전히 저 깊은 수렁에 빠져서 저 깊은 늪에 빠져서, 저 깊은 골짜기에 빠져서 다시는 헤어나지 못할 것이 아닌가 하는 그러한 절망감의 엄습 속에 괴로워하고 있습니다.

사랑하는 성도 여러분, 사람에는 두 가지 경우가 있다고 이야기 합니다.

첫 번째 사람은 이기는 사람이요, 두 번째 사람은 지는 사람입니다.

'좋은 글' 이라고 하는 책에서 제가 은혜를 받았기에 여러분에게 전해 드리고자 합니다.

어떤 사람이 이기는 사람이냐, 또 어떤 사람이 지는 사람이냐, 한번 여러분 잘 들어보시기 바랍니다.

이기는 사람은 실수했을 때에 내가 잘못했다고 말하고, 지는 사람은 실수했을 때에 너 때문에 이렇게 되었다고 말한다.

이기는 사람은 아랫사람뿐만 아니라 어린아이에게도 사과를 한다. 지는 사람은 지혜 있는 사람에게도 고개를 숙이지 않는다.

이기는 사람은 열심히 일하지만 시간에 여유가 있다. 지는 사람은 게으

르지만 늘 바쁘다 바쁘다 말하며 허둥댄다.

이기는 사람은 열심히 일하고 열심히 놀고 열심히 쉰다. 지는 사람은 허겁지겁 일하고 빈둥빈둥 놀고 흐지부지 쉰다.

이기는 사람은 져도 두려워하지 않는다. 지는 사람은 이기는 것도 은근히 염려한다.

이기는 사람은 과정을 위해 살고, 지는 사람은 결과를 위해 산다.

사랑하는 성도 여러분, 시련과 역경 속에서도 이기는 사람으로 살 수 있게 되기를 주님의 이름으로 간절히 축원합니다.

제2부

화보로 보는 섬터교회 연혁

제1기
1983~1992년

창립 당시의 십정동 산25
부흥촌 일대

창립예배 축사를 하시는
황규록 목사님

폐회송 모습
사회자는 이상수 목사님
지금 강화에서 담임목회
를 하시며 인권위원회를
후원하였다.

01.17	예배처 마련함
02.27	첫 예배 드림(인천광역시 북구 십정1동 산25번지 20/5). 제1호 주보 발행 오르간: 심평옥 집사 강대상: 창영 감리교회 예배실 휘장: 김성분 예배실 방석: 이경숙권사, 황혜자 권사 교회 간판: 김성일약사
03.06	주일 오후 아동부 첫 예배를 드림(30명 참석). 주일 저녁예배와 수요예배를 처음으로 드림. 전도지 1,135부를 김성금 기증
03.28	주안지방 실행위원회에서 교회 설립안 통과
04.11	주안지방 인사위원회에서 담임교역자로 김성복 전도사 파송
04.17	창립예배 드림(사회: 이상수 목사, 설교: 이종복 감리사, 격려사: 한경수 목사, 축도: 임석구 목사)
04.25	건강 상담 및 한방 치료 월 1회 진행
04.30	경로잔치
05.05	어린이날 화랑농장 약수터에서 어린이 야외예배를 드림
05.15	내리 감리교회 엡윗 청년회에서 주일학교 간식을 지원해 줌
06.05	주민 치과 진료 월 1회 진행
06.12	총동원 주일
06.15	샘터 어린이집 개원

교인대표 인사하는 김태
원 집사, 후에 신학을 공
부하고 목회자의 길을 걸
었으나 뜻을 다 이루지 못
하고 지병으로 별세함.

한인수, 천명화, 박상근
(현남미 선교사) 목사님이
보인다.

예배후 인사를 나누는 축
하객 등 중에서 노원숙 권
사, 이승배 성도, 박용권,
이선미 집사 내외와 황혜
자 권사님.
김성복 당시 담임전도사
의 뒷모습.

08.21   청년부(지도교사: 이원복 전도사, 부장: 김태원 집사)와 여선교

회 조직

08.28   중·고등부 조직(지도교사: 심순금 전도사)

09.25   사우디아라비아의 'Central Hospital'에 근무하는 김명수간호

사의 신우회에서 '개척교회 돕기 헌금'을 보내옴

10.09   심순금 교육전도사 부임

10.10   샘터 어린이집 아동들 어린이대공원으로 야유회를 다녀옴

11.06   총동원 주일

11.07~10 김성복 전도사 주안지방 목회자수련회 다녀옴

12.03   담임 전도사 결혼(창영 감리교회)

12.17   샘터 어린이집 졸업식

12.24   주일학교 성탄 축하 발표회

12.31   M.Y.F 송년회

김연심 성도님과 친구분
들이 격려차 교회를 방문
하셨다.

초창기의 교회학교 어린
이들. 그들이 교회를 채워
주었던 천사들이었다.

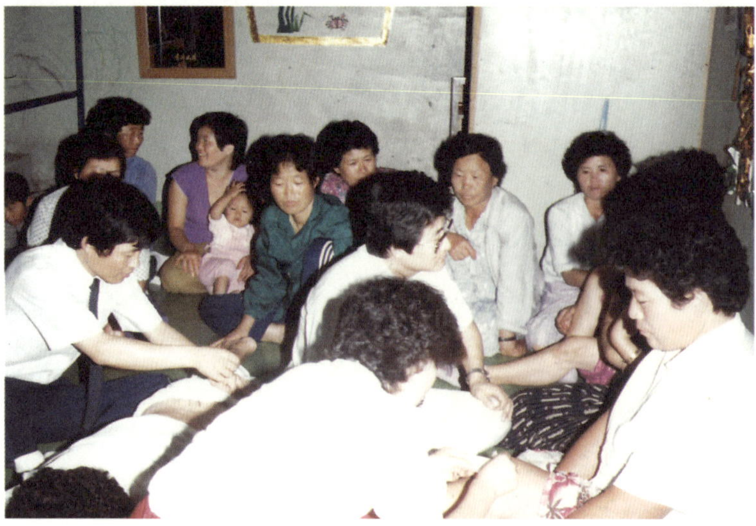

교회 창립과 동시에 지역
봉사사업으로 한방무료
진료를 실시하였다. 이인
출 원장과 의료진이 봉사
해 주셨다. 침을 놓고 뜸
을 뜨고 약을 조제해서
드렸다.

담임전도사를 도와서 성경 공부를 인도하고 있는 김성금 전도사. 이대 수학과와 감신대 신학대학원을 마치고 지금은 중학교 수학교사로 재직 중이다. 초창기의 예배 임원은 10명 내외였다.

교회학교 교사회의 이은미 권사, 김성금 전도사, 김명자 선생님, 임미정 선생님, 심순금 전도사, 오경숙 선생님, 임창균 선생님, 이예교 선생님 등이 수고하셨다.

한봉산에서 김성금 전도사, 이은미 선생님, 오경숙 선생님, 임창균 선생님, 이예교 선생님

김명자 선생님과 아이들

산기슭에서 점심을 먹고 있는 모습

교회 개척에 도움을 준 이명민과 친구. 이명민은 나중에 미국 유학을 다녀와 현재 연세대 교수로 봉직하고 있다

기독교 대한감리회 샘터교회
담임전도사: 김성복

샘터

제1권 1호
1983년 2월 27일
사순절 둘째 주일

여호와께서 아브람에게 이르시되
너는 너의 본토 친척 아비 집을 떠나
내가 네게 지시 할 땅으로 가라

내가 너로 큰 민족을 이루고
네게 복을 주어 네 이름을 창대케 하리니
너는 복의 근원이 될찌라.

너를 축복하는 자에게는 내가 복을 내리고
너를 저주하는 자에게는 내가 저주 하리니
땅의 모든 족속이 너를 인하여 복을 얻을
것이니라.

(창세기 12장 1절~3절)

* 알리는 말씀 *

1. 샘터교회 첫 예배를 함께 드리게 됨을 기쁘게 생각합니다. 앞으로 반석같은 믿음 위에 헌신과 봉사와 전도가 있기를 바랍니다.

2. 예배 후 간단한 식사로 서로 교제의 시간을 갖도록 하겠읍니다.

3. 교회 주소는 인천직할시 북구 십정1동 산 25번지 20통 5반이며 전화번호는 5-4617 입니다.

4. 창립예배를 위하여 준비하고 있읍니다. 기도와 협조를 부탁드립니다.

5. 교회 설립을 위해 여러모로 도와주신 여러분께 감사드립니다.

   오르간 : 심 명옥 집사님
   강대상 : 창영감리교회
   예배실 휘장 : 김 성분씨.
   예배실 방석 : 탁 혜자 전사님.
   교회간판 : 김 성일씨.

◤ 주일 공동예배 ◢

사회 : 김 성복 전도사

* 예배에의 부름

전주		반주자
입례송	24 (1, 5)	다같이
입재의 기원		사회자
경배 찬송	1	다같이
공동기도		다같이

평화를 창조하시는 하나님
우리를 죽음에서 생명으로
거짓에서 진실로 인도하옵소서.
우리를 절망에서 희망으로
두려움에서 평안으로 이끄소서.
우리를 미움으로 부터 사랑으로
염려에서 확신으로 이끄소서.
평화가 우리의 마음과 우리의 세계와
우리의 우주를 가득히 채우게 하옵소서. 아멘

송 영	582	다같이

---

* 찬양과 기도와 말씀

찬송	203	다같이
회중기도		김대원선생
성경봉독	창12:1~3	백미옥
말씀증언	주님의 명령을 따라서	김성복전도사

* 결단과 감사와 헌신

찬송	335	다같이
봉헌	445	다같이
축복기도		김성복전도사

* 성도의 교제

광고		사회자
찬송	589	다같이
주기도문		다같이
후주		반주자

*** 너희는 기뻐하며
구원의 샘에서 물을 길으리라.
(이사야 12:3)***

위의 주보 – 샘터교회 최초의 주보 외면
아래 주보 – 샘터교회 최초의 주보 내면

십정동 산 25번지
부흥촌의 모습.
가난한 동네에 어렵게
사는 이들과 함께하는
교회가 되기 위하여 노력
하였다. 이 한복판에 교회
가 있었고, 지금은 주공아
파트 단지가 지어졌다.

샘터선교원은 83년도부터
시작하여
맞벌이 부부를 위한 어린
이 돌봄 사업을 하였다.
(사진은 그 당시 선생님들)

상가2층 예배당에서 열린
추수감사절 발표회
당시의 샘터교회상은 "섬
기며 나누는 교회"이다
반주자는 이은미선생님.
당시는 풍금(올갠)을 사용
하였다.

01.29 　중·고등부 학생예배 시작(오전 10시)

　　　　학습·세례식(이종복 감리사 집례), 구역회 모임

02.05 　근로 청소년예배 시작(오후 7시)

　　　　여선교회 조직(초대회장: 강순심)

02.26 　예배당 이전(인천시 부평구 십정동 189~1)

03.02 　샘터 어린이 선교원 개원

03.14 　김성복 전도사 기독교대한감리회 중부연회 준회원 허입

04.22 　창립 1주년 기념예배(설교: 정명기 목사)

04.22~26 심령 부흥회(강사: 이상윤 목사)

05.03 　샘터어린이선교원 서울대공원으로 현장학습

05.27 　총동원 주일

　　　　학습·세례 및 성찬식 진행

　　　　학습 받은 이: 이은하, 최유진, 이성우, 이승배, 천경자, 김운용,

　　　　김명자

　　　　세례 받은 이: 김형국, 이용호, 배홍대

06.11~14 김성복 전도사 교회 지도자 사회사업 연수과정 참석

06.24 　'친구 초청의 밤' 개최

　　　　교회학교장 김옥동 집사 피선

07.04 　주안지방 교역자회 본 교회에서 개최됨

07.19~21 유치부 여름성경학교

07.23~26 유·초등부 여름성경학교

84년과 86년 사이에 예배처소
로 사용한 제일연립 상가 2층
지금은 주택개량 사업으로 인하
여 모두 철거되었다.

심순금 선생님과 샘터선교원
어린이들과 수봉공원에서

07.30~08.02 중고등부 수련회(대부도 홍성리교회)

08.17	전교인 1일 수련회(계양산 기도원)

08.26	총동원 주일

09.02	전교인 야유회(포도밭)

09.18	근로 청소년 선교를 위한 야학 시작(매주 화요일 오후 8시)

09.24~28	교사 양성 세미나 개최(오후 8시)

09.30	전교인 성경 퀴즈 대회 개최(구약: 사무엘 상 · 하, 신약: 누가복음)

	1등: 김운용, 2등: 송경숙, 3등: 강순심, 장려: 이성우

10.07	성가대원을 모집하여 매주 수요일 저녁예배 후에 연습을 시작함

10.16	한자 교실 운영(매주 화요일)

10.28	총동원 주일

11.04	전교인 성경 퀴즈 대회 개최(구약: 열왕기 상 · 하, 신약: 마태복음, 사도행전)

11.25~29 심령 부흥회(강사: 김정식 목사)

12.16	제1회 당회

12.23	주일 저녁예배 시 학습 · 세례 및 성찬식 거행(집례: 정명기 목사)

12.24	주일학교, 청년회 성탄 축하 잔치 진행

12.25	성탄감사헌금의 1/10을 에티오피아 난민 구제 사업으로 드림

12.30	찬송가, 성곡, 복음성가 부르기 대회

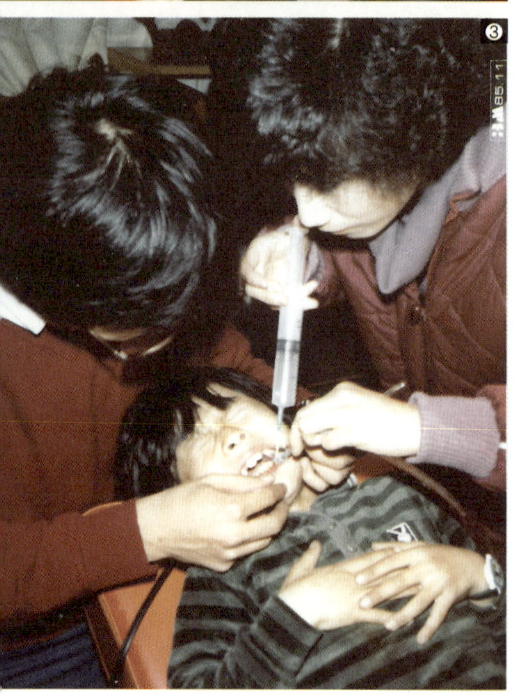

❶ 85년 8월 여름성경학교 때 설교하는 김성복전도사

❷ 85년 교회 모습

❸ 개척 이후로 한방진료와 함께 치과무료진료를 시행하였다. 이중원선생님과 연세대학교 치과대학생 등이 여러 해를 봉사 활동에 참여하였다.

❹ 교회청년회가 모습을 갖추어가기 시작한 시기이다. 이필환, 전성민을 비롯하여 김운용, 이성우, 왕창규 등이 주축을 이루 었다.

01.06 임원 조직(권사: 김옥동 속장: 문옥순, 강순심 집사: 백순희, 노성숙, 김경희, 송경숙, 정희윤, 차은주, 강영신, 이선미)

01.27 백석근 교육전도사 부임

02.24 전교인 성경 퀴즈 대회(구약: 욥기, 신약: 마가복음, 로마서)

03.17 총동원 주일

04.07 학습 · 세례 및 성찬식 거행(집례: 김효섭 목사)

04.21 샘터교회 창립 2주년 기념예배.
여선교회에서 주방기구를 마련 함

04.26 금요 심야기도회 시작

05.19 노래 선교단을 조직함(지휘: 조성진 선생)

05.29 청년부 헌신예배 (설교: 이현주 목사)

06.16 전교인 야유회(장소: 윗 열물 동네)

07.25~27 여름성경학교

08.01~03 하기 신앙수련회(덕적도 능동 덕수감리교회)

08.04 남선교회 조직(회장: 김옥동, 총무부: 이각종, 회계부: 이봉길, 전도부: 김재식, 친교부: 조성진)

08.11 외채 상환 시민 자구 운동으로 헌 신문지 수집운동
교회 건물 구입을 위한 100일 연속 기도회

08.25 교회 건물 1차 경매 유찰
청 · 장년 남선교회 조기 축구회를 위해 체육복(이각종 성도)과 축구공(이재희 장로) 기증

85년 9월 가을나들이
우리교회는 개척 초기부터 맞벌이부부의 자녀를 위한 선교원을 운영하면서 탁아사업에 열심을 다하였다. 이러한 성과로 샘터어린이집이 허가되어 24시간 운영하는 어린이집으로 오늘날 성장하였다.
그리고 초등학교 어린이들을 돌보는 초등어린이집도 별도로 인가되어 있다.

샘터선교원 나들이 가다.
송경숙 권사님의 모습이 보인다.

샘터선교원 어린이들의 봄나들이.
미화, 병기 등의 어린이와 그 어머니들 그리고 김성복 전도사

Asheville 교포 성경, 찬송가 기증

09.01	총동원 주일(설교: 김찬국 목사)
09.08	열우물 포도밭으로 전교인 야유회를 다녀 옴
09.23	추계 대심방 시작
10.06	미국 하와이 한인 교회 이원태 목사 500달러의 헌금을 보내옴.

10.06   미국 하와이 한인 교회 이원태 목사 500달러의 헌금을 보내옴.
청소년 선교를 위한 탈춤 강습회(강사: 문광석 선생)를 매 주일
오후 3시에 진행

10.27   총동원 주일(설교: 이면주 목사)

11.17~20 심령 부흥회(강사: 이상윤 목사)

12.15   인권주일로 지킴

12.22   구제 사업으로 이정순 씨 댁에 연탄 100장을 드림

12.25   기획위원회에서 신천권사로 문옥순 집사를 신천집사로 이선옥
성도, 이봉길 성도, 김재식 성도, 천경자 성도를 공천함
교회 앞 대지(십정동 191~16) 70평을 구입하기로 함

12.29   백순희 집사 댁에 연탄 100장을 구제하기로 함
미문교회(김도진 목사)에 성금 5만원 전달

부천제일교회에서 목사안수식이 거행되었다.
안수보좌는 김찬국 목사님(연세대교수)이 해 주셨고 김성복 목사의 목회 스타일이 인권선교와 민주화운동에 참여하는 모습을 닮아간다.

강순심권사, 강안순집사

01.05   임원임명 권사: 한순이, 김옥동, 최영자, 문옥순(신천) 집사: 백순희, 강순심, 노성숙, 이봉길(신천), 이선옥(신천)

01.12   중부연회 청·장년회 연합회에서 샘터교회 대지구입을 위해 100만원을 헌금함

02.09   대지구입을 위해 시카고 한인제일연합감리교회 에스더 여선교회에서 240달러를 보내옴

03.02   김성복 전도사, 이은미 권사 대지 구입을 위해 650만원 헌금 대지 43평 확보함

03.21   담임목회자 목사안수 예식(금요일 오후 3시)

03.30   부활주일
         학습받은 이: 조영우, 김윤기
         세례받은 이: 박수경A, 박수경B, 박명규, 이재훈, 한명숙, 유병희

04.20   은파교회에서 교회 대지구입을 위해 33만원 헌금

04.27   창립 3주년 기념 및 예배당 기공예배
         대지 구입 총 70평 중 48평 기증자 명단
         은파 감리교회(윤송현 목사) 1평 33만원
         청·장년회 전국연합회(이복희 감독) 3평 100만원
         주안 감리교회(한경수 목사) 3평 100만원
         황규록 목사 내외 40만원 1평
         선린교회(권용각 목사) 1평
         동부교회(이종복 목사) 1평

정월대보름에 동네 할아
버지 할머니를 모시고 경
로잔치를 열었다.
샘터교회는 개척 당시부
터 탁아사업, 한방무료진
료, 치과무료진료를 비롯
하여 노인들을 위한 사업
을 전개하여 왔다. 그리하
여 2012년까지 경로식당
을 운영하여 왔고, 독거노
인을 위한 도시락배달사
업도 시행하여 왔다. 앞으
로 고령화사회에 발맞추
어 노인대학교 노인 복지
시설을 운영하여 노인선
교의 지평을 열어가야 할
것이다.

86년에 샘터교회 지표는
'영성훈련의 신앙공동체
이다'
이 해에 교회 부지를 마련
하여 건축을 시작했다.
사진은 기공예배에서 권용
각 목사님의 기도하고 계
시는 모습. 후에 목사님은
중부연회 감독이 되셨다.

기공식 후 첫삽을 뜨는
장면.
박남식 장로님, 유세열
목사님 등이 함께 하셨
고, 조헌일 목사님이
박수치고 계신다.

이인출 원장(세명 한의원) 1평

샘터교회 교우 일동 10평 330만원

김성복, 이은미, 김새롬 20평 650만원

유석창 장로(유성전척) 1평

김근태 장로(인천전기) 1평

김찬국 교수(연세대) 1평

연세 신학연구회 개척교회 분과 1평

연세대 기독 학생회(S.C.A) 77동기생 1평

정세국 이사(Y.M.C.A) 1평

인천 기독청년동지회(정세일 위원장) 1평

07.17　　남 · 여선교회 야유회(송도)

07.20~23 어린이 여름 성경학교

08.17　　민족해방 기념주일 설교: 김상일 교수(감신대)

08.31　　입당 성별예배 설교: 이복희 감독, 축도: 한경수 목사

　　　　　대지 70평

　　　　　건평 지하 30평: 선교원, 다목적 집회실

　　　　　1층 28평: 예배실, 유아 보호실

　　　　　2층 2평: 옥탑, 창고

08.31　　예배당 장의자: 주동선 집사

　　　　　커튼, 카페트: 최영자 권사

　　　　　현수막: 왕창규

　　　　　헌금 바구니: 송경숙

09.14　　교회연합주일(설교: 오충일 목사, 복음교회)

여름에 인천상륙작전 기념
관으로 야유회를 갔었다.
이즈음 샘터교회는 2기
회중 공동체가 형성되었다.
강순심, 배홍대, 이명호,
이선옥, 김순종, 이명순,
장인식, 홍영자, 이승배,
노성숙 님과 이명호 집사
모친이 보인다. 아기들은
이종원과 김새롬이다.

열우물 동네로 야외예배
를 다녀왔다.
김효진 권사 내외와
이선옥 권사 그리고
이성우, 김운용 청년
회원이 보인다.

선교원 놀이터는 당시
십정동에서 제일 잘 나가
는 명물이었다.
동네의 어린이들에게
자유스럽게 개방되었다.

10.05   세계성찬주일

          학습 받은 이: 양정화, 조영우, 김윤기, 장인식

          세례 받은 이: 홍영자, 이명순

10.26   총동원 전도주일

10.29~30 종교개혁 기념강좌: 신앙과 역사의식(이계준 교수)

11.16   선교원내 초등학생 대상 공부방 운영

11.23   제2차 남편 전도주일 (설교: 유동식 교수)

12.25   학습 받은 이: 이각종

          세례 받은 이: 조영우, 김윤기, 이영호, 추양숙, 조선영

1987년

01.04   당회보고

          권사: 최영자, 유병희(신천), 강순심(신천)

          집사: 백순희, 이봉길, 송경숙, 이선옥, 노성숙, 차은주, 김성금
          (신천)

          고(故) 박종철 군 추모예배(오후 2시, 일꾼교회 예배실, 설교: 오
          충일 목사)

02.08   1986년 성탄헌금 중 교회 밖 구제사업으로 이종임 양(당시 남인
          천 여중) 등록금

          4/4분기 5만원 지원과 미문교회 장애우 선교 보조금으로 5만원
          을 지원함

새로 건축한 예배당
최초의 100% 우리 땅에
지은 우리 예배당이다.
지하는 선교원으로 1층은
예배실로, 2층은 사택으로
사용하였다.
후에 2층도 선교원 어린이집으
로 개조하여 사용되었다.

열우물에서 이미림, 김대일,
이재진, 김진, 김새롬 어린이

02.13   경로잔치(여선교회 주관)

03.02~05 심령부흥회(강사: 홍순욱 목사)

03.29   시편 1편 암송대회

04.19   부활주일 · 창립기념주일

            학습 받은 이: 오미영, 나덕희, 손은자

            세례 받은 이: 조영우, 김윤기, 장인식

            창립기념 축하 감사패 전달: 권혁순 선생(대지구입 협조), 전추

            성 집사(교회건축 협력), 김미영 성도(대지구입 및 건축보조)

            창립기념 축하잔치: 예배 후 별관식당에서 공동식사

            창립기념 청 · 장년회 주최 족구대회: 부평여상 운동장

05.01   인천 기독노동자연맹 주최 노동문화잔치

05.02   교회 건축물 준공

            샘터 어린이 선교원 현장학습 (청학풀장)

06.28   총동원 주일

07.05   폐품 수집운동을 위하여 버스를 구입함

            TV시청료 거부운동 참여

07.20~21 선교원 캠프

07.22~25 근로 청소년부 수련회

07.23~26 여름 성경학교

07.27~29 중 · 고등부 수련회

08.01~03 청년부 수련회

08.01   인.기.노 주최 인천지역 노동자 여름 수련회 중 유인식 형제 소천

            고(故) 유인식 형제 인천 기독노동자 연맹주최 합동장례식으로

            치름

87년 민주화 전후로 5·1 노동절 행사를 우리교회 마당에서 개최하였다. 샘터교회는 비합법집회에 문호를 개방하였고 이로 인하여 교회에 많은 고통이 있었다.

맞벌이 부부와 교회여선 교회 회원들 중심으로 '주부교양강좌'를 개최하여 '여성의식화운동'을 전개하였다. 양성평등의 시대를 열기위한 초보적 작업을 진행하였다.

고(故) 유인식 형제 추모비 건립위원회 결성

고문: 김성복 목사

공동위원장: 이경승, 이종민

위 원: 조지혜, 김운용, 이성우

08.02　　시흥 2동 새봄교회 교우에게 수재 의연금 25,000원 및 생필품 전달

08.14~15　여선교회 수련회(계양산 기도원)

08.23　　성가대 발족

09.06　　청 · 장년회 단합대회

09.20　　총동원 주일(설교: 민영진 교수, 감신대)

고(故) 유인식 형제 추모집 발간

고(故) 유인식 형제 추모비 건립을 위한 특별헌금 67,150원 드림

10.04　　전교인 야외예배(호봉 약수터)

11.08　　고(故) 유인식 형제 추모비 제막식

11.15　　일일 부흥회(고영근 목사)

성가대 헌신예배, 성가대 조직 및 단합대회

성가대 조직

대장: 미정, 지휘 및 반주: 송화자, 총무: 송경숙, 소프라노: 이명순, 알토: 추은숙, 테너: 조병수, 베이스: 김효진

12.13　　1988년도 신천집사 공고: 김효진, 조병수, 장인식, 이명순, 최종애, 이명호, 송화자, 함정순, 홍영자, 이미숙

12.25　　학습 받은 이: 강원호, 이형관, 선호인, 송인숙, 임형수, 김은경, 조한구

세례 받은 이: 배인경, 오미영

샘터선교원 봄나들이
가기전에 기도하는 모습
(가을 소래 배 밭에서)

가을소풍기념 (소래배
밭에서) 샘터선교원

소방서 견학

01.03   임원임명 권사: 최영자, 유병희, 강순심

집사: 이선옥, 송경숙, 김성금, 백순희, 이봉길

신천 집사: 김효진, 조병수, 이명호, 장인식, 이면순, 송화자,

홍영자, 최종애, 함정순

03.20   김성복 목사 중부연회 정회원 허입

04.03   부활절

학습 받은 이: 이진숙, 강안순, 이수양

세례 받은 이: 오미영, 장소연, 이재숙

04.17   창립 5주년 기념일

04.29   샘터 어린이 선교원 현장학습(드림랜드)

05.18   주민 경로잔치

05.23   청 · 장년회 야외예배(영종도 안젤라 유원지)

07.21~24 여름성경학교

07.25~27 중 · 고등부 하기 수련회(대부도 방아머리 수영장)

07.31   고(故) 유인식 형제 1주기 추모예배(저녁 예배)

08.01~03 전교인 하기 수련회(자월도 이일레 수영장)

08.28   총동원 주일(설교: 노정선 교수, 연세대)

09.11   추계 대심방 시작

10.05   샘터 주부교양강좌(수요일 오후 3시)

주제: 자녀교육을 위한 바람직한 부모의 자세

강사: 윤석희 교수(인천간호전문대 유아교육과 교수)

지하에서 오숙희 선생의
수업을 받고 있는 기린반

88년 여름김효진 권사님,
김진, 태영이 어린이

88년 생일잔치(신동아와
임순우 권사님의 모습도
보인다)

10.23   가족 찬송 부르기 대회(저녁집회)

10.29~30 중·고등부 학생부흥회(강사: 허호익 교수, 그리스도신학대학)

11.07   샘터 주부교양강좌(월요일 오후 4시)

           주제: 주부와 정신건강

           강사: 김종주 과장(기독병원)

12.06   샘터 주부교양강좌(화요일)

           주제: 주부와 민주시민의 권리

           강사: 이덕승 선생(YMCA 시민중계실장)

12.19~21 강림절 신앙강좌(강사: 박덕신 목사, 수유 감리교회)

12.25   성탄절

           학습 받은 이: 이재숙, 정신영, 이상환

           세례 받은 이: 이형관

           유아세례 받은 이: 전경찬

12.30   철야기도회(간증: 최영진 권사)

1989년

01.01   청·장년회 회장: 장인식 집사, 서기: 김효진 집사

01.08   임원임명 권사: 권순심, 유병희, 최영자, 신호용

           집사: 이선옥, 송경숙, 장인식, 김효진, 이명호, 최종애, 홍영자,

           이명순

샘터선교원 재롱잔치기념
(1989.12)

선교원에서 나들이를
갔다(운영 교육사님)

송도로 나들이를 갔다.

신천 집사: 이미숙

이명 집사: 신한순, 임순우, 신금란

03.01   3.1절 기념예배를 제암리교회에서 드림 (집례: 한경수 감독)

03.24   고난주난 성 금요일 송경숙 속장 간증

03.26   부활주일

학습 받은 이: 나은숙, 권용희, 배정화, 이미림

세례 받은 이: 강안순, 배홍대

유아세례 받은 이: 김새날

성찬식과 세례식을 조창희 목사와 공동집례

주부 중등교실 개설(주부대상 중등과정 수업) 결의, 교무주임으로 김춘순 선생(인하대 국어교육과 졸업)께서 수고하심

04.02   샘터 선교원 자모회와 샘터교회 여선교회의 공동주최로 월례 교양강좌 진행

강사: 고경심 선생(신천연합병원 산부인과 과장)

04.09   미문감리교회(성린재활원)와 연합예배(주일저녁예배)

04.16   샘터교회 창립 6주념 기념예배

가족 찬송 부르기 대회

04.   지방회 지역분리로 '중앙지방'으로 편성

05.07   주부월례교양강좌

강사: 서진옥 사모 (공해추방운동연합)

주제: 주부와 공해문제

05.28   청년부 주관저녁예배

강사: 박진홍 전도사 (독일 괴팅겐대학 유학중)

알림터

1. 내일 (7월 30일) 저녁, 7개 30분에
   2기 임원봉헌예배 및 추모예배가 있습니다.
   그리 많은 성도님께 많은 참여 있기를 청합니다.
2. 지난주에 임직된 M.Y.F 연합회에를 주님은혜
   가운데 무사히 마쳤습니다.
3. 등록카드에 올려 사진을 찾으심께
   제출해 주십시요.
4. 지난주에는 김00 형제님과 박00
   자매님이 오셨었습니다.
   모두에 더욱더 힘씁시다.
5. 예배후에 임원회가 있습니다.

우리는 연약한 편입니다.
예수그리스도는 우리의 죄를 대신하사
연약함 가운데 인내함을 알으셨습니다.

그분의 피와 살과 갈라짐으로 인해 우리가
구속함 받았음을 믿으시기를 바랍니다.
누구나 기도해도 그분의 십자가 지심을 용서하실수
없습니다.
이제는 거룩한 찬양과 함께 임마에 하나님이심을
믿고 그분의 뜻을 다하여 헌신해 봅시다.

예배순서

제 Ⅰ부
오후 7시 30분   사회 · 박수자 성년부회장

묵도 ────────────── 다함이
찬송 ───── 376장 ─── 다함이
기도 ────────────── 이필환 노동부회장
성경봉독 ── 요 4:1~7 ── 김성옥 목사님
찬양 ───── 7대장 ──── 다함이
광고 ────────────── 사회자
주기도문 ────────── 다함이

제 Ⅱ부   원예회

· 하나님을 의지하리라 ·

나에게 그늘이 없어도
나에게 기둘이 없어도
우리가 있지 않다고
우리의 그늘이 영속해도
친구들이 떠나가도
사람의 구름이 몰려와도
수치를 당하더라도
죽음에 임박해도
생명이 올 그날까지
하나님을 의지하여. ─

· 다음예배위원 ·

사회 · 양 승자
기도 · 박 수자

너는 하나님의
그 이의 도우심
이하여
내가 오히려
찬송하리라
─ 시 42:5 ─

래세이와 그 래세로운 우리 다시 추억것을 맹세한 결례님
이말은 내일을 위한 또 다른 사랑에는 영계 않아
믿음입니다 하는거가.

"당신의 계명대로 당신의 말씀대로 당신의 뜻대로 당신의
뜻이 되게 하소서" 하는 기도제일에서
대하여, 맑앟구며 지킬이의 뜻을 느끼잖 된다.
우리를 믿지 않은 진실하였어서 누군가를 믿나 뜨거운
사랑에 나의 진정함의 진심됨을 좀 끼인요.
언뜻도 나의 사람의 끝값에서 어떠한 터하였는 자손
생각하면서 너의 안음을 떠올려 본다.
문학사갖요 선수부터에데더 검증편까지 의 모든것들이
이렇 나의 후원으로 멈출러라 마음으로.
라라도 아니요 자외도 아니 연인것의, 누구와 오래동안에
우리일 없도 그런것같지 않으니도 그라움에라 시간트.
사람가 연음되게 느껴지며, 아름다움 곳에서 존재하는
나 또한 아음에의 어가 터컬려에 의 친구의 나의 가치성의
인었나 언중짜갖요 물도치 드른것갖요 어느각 올였던 실실
더없고 주어 학같여 올겠거 되 사야덕 하나당은
지읽겠고 사람없이라 라읽게 하이에 올였러.
생명에 꿈기로 되어 노래가 터가는 현실!
나 때문을 그런 실음 삼지 않으냐라며 다징도 아에서
믿음의 모든을 관수하에 되였더라.

그런 삶음에서 진심한 친구를 떠난다는 것.
그리고 겛이 없다는건 비어에 있어며 희소가 되겠어여
희데의 겨움이 터거라고 생각한다.
괴로움때 위로와 겛로 숨도 걱정하 있으며
동락자가 되어 그 그림을 우출하여 기쁨을
용기와 함께 가졌어다 숨음을 나누어 앉는 친구.
나는 친구라는 존재가 어나나 아름답고 소중한지를
겛이 느끼고 앉았다.
이 세상의 모든 사람들이 연기단을 좋아하도
자기자신에게다 잘 머렸구기를 야라고
무엇이든지 대가 되기 원한다.
하지만 친구여!
우리의 헤더나 어렸다 할지라도 우리 겛음이 도덕은
믿음되어가는 헤뜻에서 믿지지 말다
오지않은 지음 러있으 되어야 겠다며
마음가짐이 더 좋으랴에 아니까?

─ 겟목 아님0 ─

없으 있신 아어지이여 !
어둠에 걸려있는 당신의 앞에
구원의 기도 올립니다.
없으신 아어지시시여 !
어둠을 지그업해 저의의 형제를
침묵기 없어 아어지게 함께의 기도을 올립니다.
시대의 흐름에 따라
살어져 가는 적막 아어지에게서
며 문려여 되어 먹어져마 갑니다.
아어지 !
태초로 우리 택함을 앟은 리이더이니
마음에 희 · 행동의 겘라 앟어
· 당신의 영락 가여워도 차어되지 앟게 하소서.
세상을 궁히 활수도 우정할 수도 없는 가운데
기도의 나날 보내웁니다.
아어지 이시여 !
지그의 당신의 자외의 원대로 행라여 이 앓게하여
모든이의 감사와 권능으로 영락 되기를 원러웁니다.
아여.

기대가 먼저 앞섰던것이 사싫입니다.
주어찾갖 하나님의 여애서 댕서지면서 늘 다움을 힘잠냉으우의
댕음 눈물을 먼지해갖에에 서 안어리어라 터물놓는 여겨앉어에는
앟음을 느끼게했어고 중고교댕무가 함께해갖가 억치많수가 었다며
가능성을 억지해 두는듯 헤믈 저음 더워이 우리 택잖자가의
가능성댕을 느끼하여 주어하신 형계님들과 자어님들께
겛음 감사 드린다. 나는 그 사갖을 통해 우리 주시업을 앟내얺의
무섭생각을 하는지 찾끔을 앟수 앉었고 그렇지만 우리다 겛음
연락하게 사헤일어서 또 자신들의 겛음 위계에 대하여
앟음을 것, 생각하어 앟믈하어 읽다는 것.
사회의 선애어요 인생의 선애어서 우리쳇넘의 회원들도
앟음을 그져 뜻렸던 자어를 더 겛음을 그댕와 다음의 여욱
허움을 앟는 가슴뜨거운 대하와 함께 MYF의 따스한
겨움이 그 표림이어서 먼지수 앟오믈하고 좋앟다며.
우어년생님의 2부 program을 평상시 내자신의
댕음 새로이 도어하게 해고 댕음것을 느껴게 허여앉은 감사얺민
사랑에 주님의 은혜이 가득한 삼터회댕으로
MYF가 직적 겨알러여 뜻뜻한 가자의 다히엔터 돌어온다.

주제: 욥기 강해

장학사업으로 이미림(중 1 여), 이재숙(중2 여)에게 장학금 전달

06.04   주부 월례 교양강좌

강사: 김상국 선생(삼영병원 원장)

주제: 현대여성의 정신건강

6.10   단오절을 맞이하여 경로 주민잔치를 여선교회 주관으로 개최

07.02   주부 월례 교양강좌

강사: 강순원 교수(한신대 교육학과)

주제: 참교육을 위한 부모의 자세

07.16   김성복 담임목사 감리교신학대학교 신학대학원 합격, 등록

07.19~20 샘터 어린이 선교원 여름캠프(대성리)

07.23~27 여름 성경학교

07.30   고(故) 유인식 형제 추모예배(저녁 예배)

TV수상기, 비디오 기증: 김효진 집사

08.14~15 MYF여름 수련회

수제 의연금전달: 전남 나주교회

10.01   주부 월례 교양강좌

강사: 문병호 변호사

주제: 주부와 생활법률상식

수제 의연금전달: 전남 함평군 상사리 송사 시온교회

11.05   주부 월례 교양강좌

강사: 정정훈 국회의원

주제: 북방외교와 소련의 개방개혁 정책

부활절에 강순심, 나은숙
성도 세례를 받다.
세례 집회는 아동 선교를
담당하시는 조창희 목사님

창립 7주년 기념 예배에
서 특송을 하는 여선교회
회원들 최영자 권사, 유병
희 권사, 조유순,
왕재경, 이선옥, 송경숙,
임순우 님이 보인다.

현재 서울신학대 사회복
지학을 공부하는 정종일
과 그 친구들

11.17   일일 부흥회(조화순 목사)

11.19   샘터 어린이 선교원 탁아시설 마련을 위한 일일찻집(장소: 지영
         다방)

12.10   여선교회가 1,2,3부로 분할되다

         제1부 여선교회: 강순심 권사, 제2부: 유병희 권사, 제3부: 왕재
         경 성도

         총 여선교회장: 유병희, 총 회계: 최영자 권사

12.04~12.09 침묵과 명상 영성수련회(매일 저녁 9시)

12.15   일일 부흥회(이해석 목사)

12.24   성탄주일

         학습 받은 이: 나경숙, 유정민, 양승자, 윤미경, 이규호, 박태용

         세례 받은 이: 조규남, 최순복, 박선희

1990년

01.07   임원임명 신천집사: 조영우 김윤기 왕재경 전명종

         주부교실 정기모임(매주 화요일 오전 10~12시): 건전가요, 판
         화, 독서토론회

04.15   부활주일

         세례 받은 이: 유마영, 유운영, 유정민, 나경숙, 이미림

04.22   예배당 봉헌예배(창립7주년 기념일)

         사회: 김성복 목사, 기도: 권용각 감리사, 설교: 장기천 감독

가든 예수 알림터

- 일. 주일 낮 예배와 교회내 모든 예배에 열심히 참여합시다.
- 둘. 1990년도 정기 총회를 갖고자 합니다. 새임원 선출이 있는 예정이며 기도와 준비 합시다. 날짜는 11월 24일 입니다.
- 삼. 회비 납부에 박차를 가합시다.
- 넷. 지난주에는 이렇게 내신 명절들이 많았습니다.

제2권 90호
1990.11.10
편집 청년회
발행 청년회

젊은예수

담임목사 김성복
청년회장 어필산

기독교 대한감리회 샘터교회

인천직할시 북구 십정동 101-16 TEL 529-9920

예배 순서

사회 · 이남의 자매

묵도 / 다같이
찬송 / 다같이
기도 / 박옥자 자매
성경 공부 / 히12 : 4장에서 제2과
찬송 / 다같이
광고 / 사회자
마침 기도 / 주님께서 가르쳐 주신 기도

1승명상

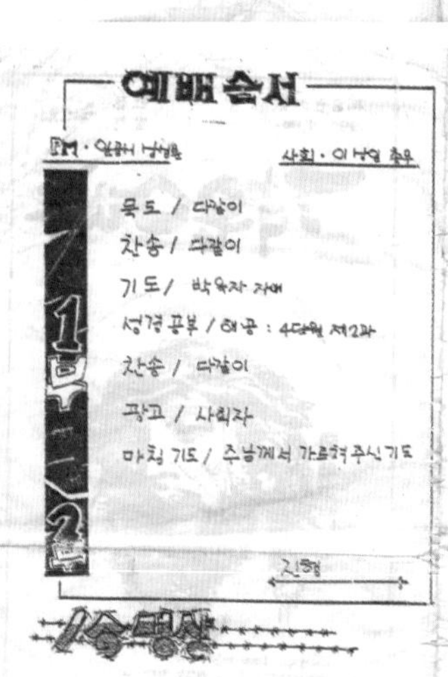

오늘의 초대석

이상의 주인공
승아 · 박

또 만나요 젊은 예수 여러분

담임목사 YMCA 이사로 추대

06.02 소년소녀가장 돕기를 위한 YMCA 인천 100만인 걷기대회에 성
금 5만원 전달

06.05 주민 경로잔치(여선교회주관) 80여명 참석

06.23 청년부 재건 1주년 기념 잔치

06.28 우리 농·축산물 먹기 및 생명운동 한마을 소비자생활협동조합
창립총회

07.08 임시 당회에서 교육전도사 이세구, 정승우 선임

07.15 기존의 주일 저녁예배(오후 7:30)를 오후 2시에 드리기로 함

07.18 담임목사님 인천 기독교목회자협의회 인권위원
회 총무위임

08.01 고(故) 유인식 형제 추모예배(저녁 예배)

08.02~04 청년회 하기 수련회

08.07~09 중·고등부 수련회

09.05 수요총체연구(TBC)실시

09.23 총동원 주일: 전교인 체육대회

09.30 주일헌금을 송림 5동 수재민을 위해 드림

11.04~06 심령 부흥회(강사: 김영호 목사)

12.03~08 대강절 묵상기도회

12.25 성탄절
학습 받은 이: 라병선, 권혁미, 강춘자, 박태호
세례 받은 이: 박태용, 이재숙, 박홍민, 양승자

권평환 장로님과 친구분
(91.10.26)

중고등부 '벗과 함께, 축제
이승헌군과 이재형, 박태호
의 모습이 보인다.

특송하는 이미숙 집사

01.06   임원 조직

장로: 이명룡(이명), 권평환(신천)

권사: 강순심, 강정옥, 이선옥(신천), 송경숙(신천)

집사: 김효진, 신한순, 전명종, 조영우, 홍영자, 김윤기, 강미경,

허화자(이명)

박승만(이명)

신천집사: 이정미, 조유순, 원유순, 강미경, 김미영, 전봉균,

박용천

장학금 전달: 이미림, 이재숙

01.07   샘터 공부방 개원

01.20   피아노 기증: 김효진 집사

01.25   신천 권사 임직 예배: 이선옥 송경숙

04.01   세례 받은 이: 라병선, 권혁미

04.21   창립 8주년 감사 및 권평환 장로 취임예배

교회 사무실 이전(은하빌라 3층)

06.30   신천 집사 임명: 유미영, 김남수, 강안순, 조옥휘, 위영자

07.22~25 여름성경학교

07.24~31 김성복 목사 세계 감리교대회 참석(싱가폴)

08.01   고(故) 유인식 형제 추모예배(저녁 예배)

08.07~09 중 · 고등부 연합수련회(강화도 함허동천)

08.11   남북 평화통일주일 공동예배

추수감사절 특송하는
청년부 서동균, 박명규,
박순아, 이필환, 박옥자,
박광선 등

방청석에 있는 류마영 권
사, 장인식 집사, 이선옥
권사 등의 모습이 보인다.

샘터교회는 민중교회 운
동에도 참여하여 교회개
혁과 민중선교에도
한 역할을 감당하였다.
노동선교와 빈민선교 등
을 중심으로 하는 민중교
회운동에 참여하였었다.
아동부의 노래 발표

영아 세례를 받은 이세구
전도사님 가족(이수아 양)
지금 이세구 목사님은
내리교회에서 노인목회를
담임하고 계신다.

이상환, 이규호, 민병기
성도의 세례식

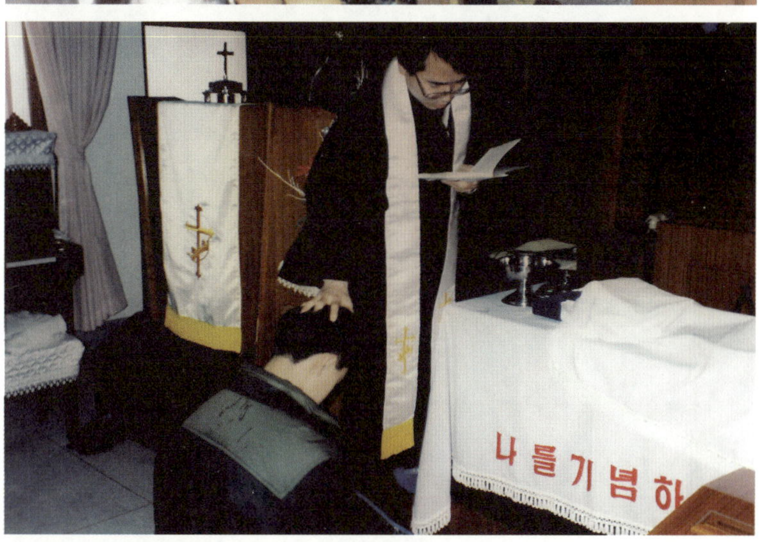

세례 받는 이규호 군

현판식 예배 강정옥 권사
님이 사회를 보고, 조종수
목사님이 설교를
맡아주셨다.

범민주 후보 추대운동에
참여한 담임목사
김성복, 박승태 목사, 김
상목 목사, 곽한완 천주교
사회운동협의회 의장,
조철구 의원 등이 보인다.

91년 교회학교 성탄축제

권평환 장로님과 참석한
평화통일 세미나,
강사는 김대중 님, 후에
대통령이 됨

김종구 구의원의
노래 솜씨 뽐냄

단오절에 경로잔치를
개회하였다.
김종구 구의원과 권평환
장로님이 함께 하셨다.

특별노래로 이세영 중구
청장 (당시 시의원)이 한
곡 불러주었다.

할아버지 할머니 노래자
랑대회에서 특별 순서로
노래하는 샘터교회 여선
교회 회원들 (이명순, 강
춘자, 이은미, 홍영자, 왕
재경)
사회자는 김남수 장로님
이었다.

교회 옆의 천막집은 '한
마을생활협동조합' 이다.
우리농산물 직거래운동을
전개하였다.

09.15   샘터 선교원 어린이집 현판식 및 설립 8주년 기념예배

10.30   종교개혁 기념강좌(김홍기 교수)

11.17   샘터 탁아소 겨울나기를 위한 일일찻집(장소: 지영다방)

12.02~07 대강절 묵상기도회

12.25   성탄예배

           학습 받은 이: 이샛별, 한성희, 이충수, 서정자, 오대웅

           세례 받은 이: 이상환, 이규호, 민병기

           유아세례 받은 이: 이슬아

1992년

02.23~26 사경회 개최(강사: 김홍기 목사)

03.01   유관순 열사 추모예배(설교: 허호익 박사, 그리스도신학대학교)

03.29   이세구 전도사 부임

04.19   부활주일, 샘터교회 창립 기념일

           학습 받은 이: 이춘섭, 연영흠, 송지훈, 방선자, 박명희

           세례 받은 이: 서동균

04.26   성경암송대회

04.30   샘터 어린이 선교원 현장학습(서울 대공원)

06.07   환경 선교주일 환경 보전행사 개최

06.07   주민 경로잔치(여선교회 주최)

07.19~21 여름 성경학교

성만찬 연구를 위하여
목회자 세미나를 전개하
였다.

1992년 교회예배실에서
여선교회중창단

1992년 인천중앙지방 여
선교회 복음성가경연대회
에 참가

교회학교 전국연합회
주최 "어린이복음성가 경
연대회"에 참가(92.5.31)
지휘는 이은미 선생님

분반 공부를 하는 시간
(방선자와 그 친구들)

이재성과그 악당들

강인순 집사님과 김새롬

08.03~05 전교인 연합수련회(학암포)

08.　　　고(故) 권평환 장로 소천

09.20　　이재숙, 이미림 양에게 장학금 수여

09.27　　이세구 전도사 사임

09.　　　남북 평화통일 문화 대동제 참여

11.08　　성 모 전도사 부임

11.17~19 추계 신앙강좌

　　　　강사: 김영봉 목사

　　　　주제: 요나를 통해 나를 본다

11.30~12.04 대강절 묵상기도회

제2기
1993~2002년

샘터어린이집 건축기금마
련을 위한 행사에
안내위원으로 수고하신
이진실 선생님

샘터어린이집 신축을
위하여 '김용님' 화가의
도움으로 환경, 여성,
생명선을 전개하였다.

격려차 방문하신 최영자
권사님
신호용 장로님 내외분은
샘터교회를 위하여 많은
사랑을 주신 분 들이다.

01.03   임원 조직

장로: 이명룡

권사: 강순심, 이선옥, 송경숙

원로집사: 강안순, 백순희

집사: 조유순, 김남수, 왕재경, 류마영, 위영자, 최종애, 허화자,

신한순, 이명순

장인식, 홍영자, 임순우, 서경순, 강춘자, 전영순, 나경숙,

박순아, 김효진, 이미숙

이명호, 전명종, 이정미, 이은미, 조영우, 김윤기

01.31   임원 헌신예배(설교: 전혜인 목사)

02.07   정월대보름 행사(지신밟기)

02.28~3.01 청·장년 남·여선교회 연합수련회, 장소: 신천리 '작은자리'

및 화성군 제암리 제암감리교회

02.   담임목사 인천 중앙지방 사회부 총무로 선출

02.24   24반 민족 무예교실 운영

04.11   부활주일

학습 받은 이: 마공애

세례 받은 이: 김상임, 서동균

부활절 헌금은 척수암으로 투병 중인 윤인성 목사의 치료비와

화재를 당한 고양 지방 신생교회를 후원하였으며, 십정동 마을

식수사업 지원금으로 지출 됨

중고등부의 '뭐 좋은
노래없을까' 공연 장면
회원이 18명이다.

김현경 선생님을 비롯하
여 백운공원으로 나들이
간 어린이들

가을소풍가다(월미도)
송미연, 김현경, 전진경
선생님과 어린이들

이미림, 이재숙 장학금 수여

04.18	창립 10주년 기념주일(공로패 수여: 강순심 권사)
04.25	상조회 창립총회
05.02	어린이 축복예배
05.23	전교인 야외예배
06.06	삼위일체 주일예배(설교: 천사무엘 목사)
06.	담임목사 미주 한인교회협의회주최 '희년정책협의' 한국대표로 출국
06.21~25	샘터 선교원 건축기금 마련을 위한 미술전람회
06.27	청년회 재건 4주년 기념예배
07.22~25	여름 성경학교
07.26~28	중 · 고등부 수련회(충주 수주교회)
08.01~04	청년부 수련회(지리산)
08.01	고(故) 권평환 장로 추모예배
08.07	한반도 평화통일 염원 인천시민 문화 대동체 참여
08.15	남북 인간 띠 잇기 대회 참가(장소: 독립문~판문점 61km)
08.22~9.30	40일 새벽 묵상기도회
09.19	작은교회 연합 체육대회
11.15~17	심령 대부흥회(조한용 목사)
12.25	성탄주일

학습 받은 이: 김순종, 장동현, 장미선, 오세원, 배지선

세례 받은 이: 조한구, 이창현

유아 세례 받은 이: 권지용, 성여름

봄나들이 가다(여선교회
회원 일동)

북한동포돕기 종교인
기도회(동인천역)

인천시민 문화 대동제

93년도 성탄절에 청장년
회원들의 노래솜씨
(왼쪽부터 김남수,
정인식, 민상규, 민병기)

여선교회 회원들의 찬양
순서(강채원, 조유순,
허화자, 임순우, 이명순,
송경숙)

94년 1월 권사 취임식
(이명순, 김효진, 김남수,
류마영)

94년 4월 어느날.
경기도 광릉 야유회를
다녀왔다.

야유회(경기도 광릉)

01.02	임원임명 신천권사: 김효진, 김남수, 류마영, 이명순
	신천집사: 김숙하, 라병선, 김쌍임, 김옥자, 최순복, 민상규, 송미연, 박선희, 원유순
01.	샘터 어린이집 기독교대한감리회 유지재단에 등록
01.30	성 모 전도사 사임
03.06	교회학교 조직을 개편함. 기존의 중·고등부를 중등부와 고등부로 나눔
	중등부 부장: 문현분 전도사, 고등부 부장: 이명용 장로
	기존의 MYF 청년부회를 청년부회, 고등부회, 중등부회로 분리 편성
	486컴퓨터 기증: 신천권사 일동
	주방용 가스레인지, 방송용 마이크, 찬송가 반주기 기증: 신천집사 일동
03.10	북구청 보육위원회에서 샘터 어린이집 신축안을 통과 함
04.17	샘터교회 창립 11주년 기념일
04.24	새누리신문 인천지사 이전 감사예배(설교: 이춘직 감독)
	기독교 주민자치 행정연구소 개소식
	주일예배: 김찬국 총장(상지대)
05.01	전교인 야외예배(김포 장능)
05.13	여선교회 야유회(경기도 송추)
05.	영종도 수도권 신공항법 개정 서명운동

'꿈' 태평양 교회에서
인사하는 김성복 목사

'한반도 평화와 통일을
염원하는 인천시민의 모
임' 주최 백일장 및 사생
대회 참가자와 함께 (김옥
자 집사 모습도 보인다)

94년 5월 13일
여선교회 송추계곡을
다녀오다.

인천기독노동자연맹
수련회에서
순직한 고(故) 유인식
형제 추모비 앞에서, 훗날
강순심 권사님의 간청으
로 추모비는 철거되었다.

열우물 마을잔치

성탄절에 발레하는
김새롬

덕적면민은 굴업도 핵폐기장 건설을 결사반대 한다 !
덕적도 주민일동
덕인상회

기독교 주민자치행정연구소 개소식 및
새누리신문 인천지사 입주감 사예배
일시: 94.4.24 오후2   장소: 샘터감리교회 사회복지관

06.06~20 김성복 담임목사 감리교 연수원 주최 목회 영성훈련 참가(영국

아이오나 수도원, 프랑스 떼제공동체, 스위스, 독일 등)

06.01 새누리신문 부설 철학교실 운영

07.03 김성복 담임목사 귀국 이후 매 주일 성만찬 예배 진행

07.06 새신자부 밀알 성경공부 실시

07.21~23 여름 성경학교(장소: 연세대학교 연주캠퍼스)

07.31~8.02 MYF 청년회 수련회(광천 경동교회)

07.31 고(故) 유인식 형제 추모예배

08.04 고(故) 권평환 장로 2주기 추모예배

10.03 샘터 어린이집 건축을 위한 매일 저녁기도회 시작

12.25 샘터 어린이집 기공예배

학습 받은 이: 이창선

세례 받은 이: 마공애

1995년

02.12 총동원 주일(설교: 천사무엘 목사)

02.20~22 심령 부흥회(박종화 목사)

03.18 샘터 어린이집 상량식

04. 사순절 기간 금식미 북한 전달

04.16 부활주일 헌금을 굴업도 핵폐기장 철회를 위해 덕적도 주민들

에게 전달

목회자 정의평화 실천협
의회 주최 부활절 연합예
배에서 노래하는 성가대

샘터어린이집
신축 봉헌식

샘터교회 창립 12주년 기념특별행사: 성경 암송대회, 성경목록
암송가, 열 두 제자 이름 부르기 대회

04.17~19 창립 12주년 기념 부흥성회(황호용 목사)

05.　　　굴업도 핵폐기장 철회운동 동참

06.10　　어린이집 준공식 및 봉헌예배

06.　　　담임목사 인천시의회 의원 후보로 출마

08.17~19 여름 성경학교

08.14~16 중등부, 고등부, 청년부 수련회

08.20　　9월부터 주일오후에 생일을 맞이한 형제, 자매들을 축하하는 생
　　　　　일 축하예배를 드리기로 임원회에서 결정함

09.25~28 추계 부흥회(도준순 목사)

11.12　　장학금 지급: 박태호(수산고 3년, 학생회 회장)
　　　　　매주 토요일 오전 5시 '한마음 새벽성회' 개최

1996년

01.07　　임원조직표
　　　　　권사: 강순심, 강정옥, 류마영, 김남수
　　　　　속장: 장인식, 김숙하, 허화자, 한순예, 김옥자, 왕재경, 민상규,
　　　　　송미연
　　　　　집사: 조유순, 홍영자, 조영우, 김윤기, 박선희, 최종애, 신한순,
　　　　　임순우, 김진분, 홍창심(신천), 백순희, 최순복, 서경순, 원유순,

놀이한마당

봄소풍

7월 29일 여름성경캠프

채미옥(신천), 김상임, 강춘자, 강안순, 이은미, 라병선, 김미자,
박순아

원로집사: 백순희, 김상임, 김진분, 강안순

01.28　박찬선 전도사 부임

02.12~14 춘계부흥회

강사: 이상수 목사

주제: 올바른 신앙생활

02.　김성복 담임목사 오사카 한인교회(담임: 조재국 목사) 초청으로
일본 방문

03.10　어린이집에 초등학교 어린이들을 위한 공부방을 개설하기로 임
원회에서 결정함

공부방: 김혜정(사회복지사), 최임선(초등학교 교원 발령 중)

04.07　부활주일

부활절 헌금을 북한동포 수해복구 헌금으로 드림

04.14　교회 창립 13주년 기념주일

05.04　샘터 어린이집 연중무휴 24시간제 운영기금 마련을 위한 일일
찻집

장소: 동암역 북광장 그린커피숍

06.09　부평구청에서 어린이집에 정수기 기증

06.22~8.15 담임목사 미국 웨슬리 대학 목회학 박사과정 수학

07.29~31 여름 성경캠프(아동부, 중, 고등부 연합)

08.11　김성복 담임목사 한국대표(Delegates) 자격으로 브라질 리우 데
자네이루 17차 세계감리교대회(World Methodist Conference) 참석

여름성경캠프에서
춤추는 유리와 그 친구들

교회학교 분반공부가
끝나고 조유순 선생님과
함께

09.16~18 심령부흥회

　　　강사: 김성복 목사

　　　주제: 생수를 퍼 드립니다.

　　　부흥회 감사헌금은 수재민 구제비와 백혈병 투병 중인 김정현

　　　목사, 최수남 집사 치료비로 드림

10.04~27 생수축제: 세이래 새벽기도회

　　　강연회(일시: 10.25, 주제: 호스피스란 무엇인가?)

10.26　중·고·청 찬양축제

10.27　가족 찬송대회

11.06　일일 부흥회(강사: 도준순 목사)

11.24　샘터교회 초청의 날

12.25　성탄예배

　　　세례 받은 이: 신동윤, 신동아, 조한민

　　　세례 받고 입교한 이: 이용숙, 신재원, 남운임, 최은정, 박경주,

　　　이승헌, 조세정

　　　총 여선교회 총회

　　　총회장: 허화자, 안나 여선교회: 강춘자, 에스더 여선교회: 임순

　　　우, 마리아 여선교회: 진문정, 청·장년회 회장: 류마영

12.30　담임목사 종교인협의회 공동대표 취임

박순아 전도사님과 교회학교 선생님들과 아동들!

창립기념주일 예배후 기념촬영

01.   임원임명 신천권사 : 조유순, 허화자, 김숙하, 왕재경, 임순우,
           라병선

01.23~25 전교인 수련회(용인 프라자)

01.12   박찬선 전도사 사임

01.19   박순애, 서지애 전도사 부임

02.   담임목사 인천 중앙지방 교육부 총무에 피선
           CCTV 카메라 설치: 별관 어린이집에서 예배중계

04.20   샘터교회 창립 14주년 기념일

04.21~23 창립기념 부흥회
           강사: 서 철 목사(복지교회)

05.25   북한동포 돕기 운동 옥수수 죽 먹기(23만원 북한 송금)

06.1   '열린 찬양단' 초청 '열린 신앙, 열린 예배' (주일 저녁)

06.09~07.10 담임목사 목회학 박사과정 미국 수업

06.10~07.09 30일 새벽 작정기도회(교회, 목사님, 성도들을 위해)

07.   담임목회자 중부연회 평화통일 선교회 주관 중국방문

07.20~21 여름 성경학교
           어린이 부흥회(김정준 목사)

07.28~30 학생부 수련회

08.18~11.26 나라와 겨레를 위한 100일 기도회

08.   북한동포 돕기 1끼 금식

09.03   '초보자를 위한 성경공부' (매주 수요일 오전 11시 30분)

청년회 회원들

여선교회 회원들

여선교회 야유회

09.14   서지애 전도사 사임

10.17   십자가(불기둥)탑 어린이집 옥상에 완공

11.09   교회 증축공사 기공예배

12.15~17 심령 부흥회(강사 : 송성모 · 김성복 목사)

12.25   성탄예배

          세례 받은 이: 박윤녀, 이영민, 이종원, 정종일

■■■ 1998년 ■■■

01.   신천집사: 마공애, 전진경, 가순미, 이인희, 권혁미, 김은선,

          민병기, 곽경전, 류종국

          지방회대표

01.25   일일 부흥회(강사: 김성복 목사)

          주제: 당신의 미래를 선택하라

02.23~26 중 · 고등부 수련회

          주제: 성령의 능력 받아 21세기 세계사의 주역이 되자!

          장소: 믿음 기도원

03.   담임목사 인천목회자협의회 회장

04.12   부활주일

          유아세례 받은 이: 최근우, 최수빈

          학생부 세례자: 권지웅, 민승기, 박선애, 정슬기, 권오영,

          문소윤, 민경도

샘터 초등어린이집 개원
(뒤에 용경희 선생님)

강화도 말씀의 집

장년부 세례자: 이명호, 김맹순, 남태숙

04.26   장애인 주일연합예배(미문교회)

05.24   전교인 체육대회(장소: 부평여자상업고등학교)

07.19~20 유·초등부 여름 성경학교(용인 한화리조트)

07.27   유치부 여름 성경학교

07.30~8.01 중·고등부 수련회(강화 장흥교회)

08.   남북 평화통일 공동기도주일

08.   우용철 목사 소속목사로 부임(교육담당)

09.14~16 추계부흥회(이성호 목사)

11.28   샘터교회 사회교육관(2,3층) 봉헌 및 초등 어린이집 개원식

12.25   성탄예배

           세례 받은 이: 이진실, 장석진, 문소윤, 강혜진, 이연이

           유아 세례 받은 이: 최운종, 이가형

1999년

02.07   박순애 전도사 사임

           지선화 전도사 부임

04.18   창립 16주년 기념주일 일일 축복성회(강사: 도준순 목사)

           온가족 찬양부르기 대회

           우용철 목사 군목입대

05.22   중·고등부 단합대회(포천 산정호수, 철원 고석정 한탄강)

인간띠 잇기대회 참가

05.23   전교인 야외예배(계양산 약수터)

05.29   부평 미군부대 이전 및 공원화를 위한 인천시민 걷기대회 참여

07.06   성경 통독학교 실시(매주 화, 목 오전 10~12시 25주간 진행)

07.26~29 중 · 고등부 수련회(광림 수도원)

07.31~8.01 여름 성경학교

08.15   8.15 겨레 손잡기 대회(임진각~독립문) 참가

2000년

01.02   신천집사 : 류종국, 이명호, 이영민

01.03   성서 통독 수련회(강화 화이트하우스)

01.16   권옥자 전도사 부임

01.17~19 중 · 고등부 영성수련회

01.21~23 신년 축복성회(강사: 김두범 목사)

02.12   김남수 장로 직첩

02.14~16 교회학교 교사수련회(의정부 꽃동산 예지원)

03.24   샘터 경로식당 개설

04.02   새 예배당 계약체결 결정(신동아 아파트 상가 403호 56평)

04.17   예배당(십정동 541~7 신동아 아파트 상가 403호) 계약금 지급

04.23   부활주일

          샘터교회 창립 17주년 기념일

05.07   오후 야외예배(월미도)

중고등부 수련회
지선화 전도사님과 함께

중고등부 수련회

샘터어린이집 소방서견학

05.27   전방 군부대 방문

06.18   교회 위쪽 고압선 피해보상 소송(한전상대)

07.12~14   성령 부흥회(강사 : 김성복 목사)

07.24~26   교회학교 유·초등 여름 성경학교 수련회(의정부 꽃동산 수련원)

           중·고등부 연합캠프(양수리 기도원)

08.14   담임목사 민족 화해 범국민 협의회 주최 '민족의 화해와 협력을
           위한 공동회의' 참석

08.15   6.15 남북공동선언실천을 위한 통일맞이 대동제 참여

09.01   일일 부흥성회(강사: 김두범 목사)

09.17   새 예배당 입당 및 김남수 장로 취임예배(설교: 이춘직 감독)

           기증물품 명단

           프로젝터: 김남수, 조유순

           제단: 신한순, 임순우

           강대상: 강춘자, 왕규선

           제단상: 강춘자

           제단의자: 홍창심, 박광석, 가순미, 이영민

           십자가: 박이순

           성찬상: 송미연, 박종옥

           장의자 18개: 유충렬, 김옥자, 무명(2명)

           커튼: 김숙하, 버티칼: 김은선, 제의장: 박순아

           마이크 세트, 무선 마이크: 전인호, 권옥자

           성가대 가운: 노성숙

           성찬 보좌위원, 헌금위원, 어린이성가대 가운: 이은미

제1회 여선교회 부평서지
방 성가제

입당 및 김남수 장로
취임 예배

강신초등학교
공부방 연합회 주최
운동회 기념
선생님과 함께
백운공원에서

박정호 군의 플롯 연주

김상돈 목사님의
색소폰 연주

"누구든지 목마르거든 내게로 와서 마시라" 요한복음 7장 37절
샘터경로식당   개소식
2000. 3. 2
새 천년! 새사람! 새비전!

성령 안에서 우리는 하나
'01 6 3

카페트: 최재광, 전진경

필경대: 무명

10.08   부평 서지방 주최 아동 복음성가 경연대회 장려상 수상

권옥자 전도사 심방전도사 전임

10.22   교회간판 기증: 강순심 권사, 전자시계 기증: 조한구 성도

11.05   김광석 전도사 부임(행정 · 교육담당)

11.26   담임목사 CBS방송 설교

12.17   인권 선교주일(설교: 김은규 신부)

12.24   김상돈 목사님 송년음악회(저녁 7:30, 샘터교회 예배당)

12.25   성탄예배

영아세례 받은 이: 이동근

세례 받은 이: 왕철규, 권해정

2001년

01.07   임원임명

신천권사: 강춘자, 노성숙

신천집사: 신금희, 유충렬, 최재광

이명권사: 조재용(원로)

이명집사: 최원근, 김혜자, 전인호, 박병희, 이시녕, 인보환, 안순남, 강명하

01.14   인터넷 선교를 위한 교회 홈페이지 구축(www.samtuh.net)

설교자 : 디드라크리월드
통역자 : 김덕기교수님과
함께

여선교회
제암자교회 방문

성찬기 세트 기증: 최순복 집사

01.28　　신년 축하음악회(리네 찬양단 초청)

　　　　이명룡 장로 장로복권

01.29~31　신년 축복성회(강사: 이춘직 감독)

03.01　　교회학교 아동부 역사현장 탐험: 서대문 형무소 역사관방문

03.06　　담임목사 박사학위 논문 심사 · 수여관계로 출국

04.15　　부활주일

　　　　세례 받은 이: 김영섭, 장창호, 구미자, 이선경

04.22　　샘터교회 창립기념 주일예배

05.07　　담임목사 박사학위 수여식

05.13　　대우자동차 살리기 감리교 대회 참가

05.21~23　심령부흥회(강사: 김성복 목사)

06.02　　학위취득 감사예배(인천 로얄호텔 영빈관)

06.03　　Dr. Diedra Kriewald 주일예배 설교

06.12　　담임목사 전국목회자 세미나 '성찬식과 영성' 주제 강의

07.01　　김광석 전도사 건강상 이유로 사임

　　　　선풍기 기증: 서효애 집사, 김윤기 집사

07.30~8.01　여름 성경학교

8.02　　중 · 고 · 청 일일수련회

09.02　　맹완재 목사 부담임으로 부임(교육담당)

10.07　　친선 체육대회(이웃사랑교회와 연합)

10.　　가출 청소년을 위한 '꿈이 있는 집' 신축완성

12.　　마라톤 선교회 조직

초여름 신동아아파트
놀이터에서(아동부)

여름성경학교

추수감사절 예배

부평 미군부대
이전 촉구운동

백운초등학교에서
이웃사랑교회(송교의 목
사)와 친선 체육대회를
가졌다.

약 200여명의 교인이 참
석하여 성황을 이뤘다.

12.25   성탄예배

세례 받은 이: 곽순자, 왕준호

2002년

01.   임원임명

신천집사 : 마공애, 백순옥, 전태경, 이옥선

이명집사 : 인보환, 서효애

신천권사 : 김쌍임, 박이순, 안순남, 이은미

이명권사 : 신향진

01.14~17 신년 축복성회 강사: 이규학 감독

01.27   중·고등부 일일 수련회(영종도)

02.24   탁구대 세트 기증: 김영범 장로, 조부임 권사

드럼, 심벌즈 기증: 한선우 권사, 황갑분 권사

02.24~26 담임목사 충주 오석교회 부흥회 인도

03.01   지방회 장소: 산곡교회

03.09   부평 미군부대 공원화 걷기 대회 참가 오후 2시:

2008년 반환 확정

03.31   부활절

세례 받은 이: 유복순 임현주 유철민 권오성 이승현 송승원

4.16~17 중부연회: 숭의교회

4.21   창립 19주년 기념주일/전교인 복음성가 부르기 대회/전교인 사

4월 5일 군산 벚꽃놀이

여선교회 강화도 석모도
방문

선래도에서
(신향진 권사, 조부임 권
사, 황갑순 권사, 이은미
권사, 임순우 권사, 조유
순 권사)

진 촬영

4.26	부평 미군부대 반환확정 축하잔치 오후 3시
5.04	샘터 아동상담센터 개소식
5.24~26	웨슬리 회심기념 부흥회 강사: 박재근목사
7.29~31	아동부 여름 성경캠프 장소: 아산 훼미리랜드, 참가인원 : 33명
	주제 : 평화를 이루는 삶
	정수기 기증: 김영범 장로
9.08~16	이은미 권사(교회학교장) 스칸디나비아 3국 방문(서울시 교육
	청 주관 북유럽 보건 연수회 선발됨)
09.15	수재민 돕기 특별헌금을 모금하여 동부연회 강릉지방 한동교회
	를 비롯하여 여수지방 등을 지원 함
09.29	저녁예배 조현상목사 설교(장기기증운동본부)
10.13	아동부 교육담당으로 김희태 전도사님 부임
10.13	부평 서지방 교회학교 연합회 주최 어린이 찬양경연대회 참가
	왕수연 장려상 수상
10.27	가을 음악회 개최
11.24~27	심령 부흥성회 강사: 황건원 목사(충주 오석교회 담임)
12.08	맹완재 목사 이임
12.22	당회에서 신천권사 : 신한순, 황갑분, 신천집사 : 전태경, 이옥
	선, 이진실, 전보경, 정정렬을 선출함

2002.5.4.
아동상담센터 개원예배

5월 인천항 갑문도크에서
부평서지방 교회학교 사
생대회

개회 예배시 설교하는
김성복 목사

부평서지방연합회 주최
찬양경연대회 참가한
어린이들

부평미군부대를 공원으
로, 그리고 어린이의 품으
로 돌려달라는 집회가 감
리교사회연대와 인권위원
회 주최로 열렸다.

8.15 평화통일민족공동사
준비 인천지역모임 참여

겨울성경캠프 중에 견학
을 하면서

겨울성경학교에서

제3기
2003~현재

샘터교회
창립 20주년기념
「서울예고 초청 음악회」

창립 20주년 감사예배

01.05	안순남 심방전도사 부임
01.06~08	교회학교 아동부 겨울 성경캠프: 참여인원 22명
01.20~22	중·고등부 겨울수련회 장소: 곤지암 실촌수양관
02.09	독일 선교의 밤 설교: 임재훈목사(칼수루에 감리교회)
02.23	창립 20주년 기념 음악회 서울예고 초청 연주회
03.01	부평 서지방회에서 김남수 장로 안수받음. 3월부터 웨슬리 사회봉사단 단원모집(책임자 노성숙 권사)
04.20	부활절 세례식: 유철민, 박한순, 정나라
	창립 20주년기념 국악 찬양예배
	황갑분 권사 취임패, 이진실, 전태경 집사 임명장, 조유순, 허화자, 공로패 받음
	이종원 치과 원장, 이인출 세명 한방병원 장로에게 감사패 전달
	기념선물기증: 이명용 장로
	성찬기, 세례기: 익명
	레이저 프린터: 황갑분 권사
	CD, DVD: 이진실, 전태경 집사
05.11	성극공연: 포도나무 극단 초청
06.02	중부연회 평화통일선교회 정기세미나 개최: 오후5시 예배실
06.09~11	웨슬리 사회봉사단 발대식 및 존 웨슬리 탄생 300주년 기념성회: 인천 실내체육관
06.20	한반도 평화와 민족화해를 기원하는 연합기도회 참가: 부천

여선교회 성탄공연

학생부 성탄공연

성은교회, 밤 9시

부설기관인 '꿈이 있는 집'에 미혼모를 비롯하여 외국인 여성

근로자와 아이를 위한 보호프로그램 운영.

06.22 　전교인 기도모임(강화도 들꽃 피는 언덕)

07.28~30 교회학교 아동부 여름 성경캠프(양평 켈트영성의 집)

08.14~17 담임목사 평양에서 개최되는 8.15민족대회에 참석차 방북

08.17 　곽노윤 목사 설교(인천 호스피스)

08.29~30 '샘터 아동상담센터'와 '꿈이 있는 집' 후원을 위한 전시회,

부평구청 2층 전시실에서 개최

09.25 　중부연회 웨슬리 봉사단 단원으로 수재민 돕기 자원봉사활동 참여

09.27 　반전 평화 국민행동의 날 참여(신·구교 연합기도회)

10.17 　일일 부흥회 (강화도 마니산 기도원)

10.18 　인천사랑 걷기대회 참여

11.08 　경로잔치 개최

12.21 　교회학교 성탄선물 후원: 최원근 집사, 유충렬 집사, 박종욱 성도

12.25 　성탄예배

세례자 명단 : 박종욱, 이연옥, 김수연, 장순성, 정나라

12. 　당회보고 이명권사 : 배태섭

이명집사 : 황남순, 김희범, 김정규

신천권사 : 박병희, 이시녕, 김옥자

신천집사 : 정정렬, 배환복, 배규돈, 전수경, 전보경, 강지현

이옥선 선출되었으나 김옥자 권사와 이옥선, 배규돈 집사만이

교육을 필하여 임명됨

어버이 주일
세상을 변화시키는 교회

01.04　임원임명 권사: 배태섭(이명), 김옥자(신천)

집사: 황남순(이명), 김희범(이명), 김정규(이명), 배규돈(신천), 이옥선(신천)

김희태 전도사 사임

01.26~28　중·고등부 겨울수련회(미션파워 겨울 캠프, 광주 실촌수양관)

02.15　정석태 교육목사 부임

02.20~22　춘계 부흥회(강사: 현경식 목사, 전주대 교수)

03.01　전교인 단합대회: 남한산성

03.16　시국기도회 기독교 연합회관에 참가

03.23　광화문 감리회관 앞 시국기도회 참가

03.26　기도회 조병우목사 인도 (미국 앨버니 연합감리교회)

04.11　부활절 연합예배, 광화문 감리교회관 앞 광장에 참가

04.18　몽골선교 보고, 문현분 전도사

04.25　창립 21주년 기념 음악회 개최

05.02　어린이주일, 아동세례식

아동 세례자 명단: 인진호, 장순빈, 이승원, 박기란, 이명주, 왕수연

전교인 야외예배(용유도 북로 소나무 숲)

6.07~08　KNCC 인권위 창립 30주년 기념 '인권포럼' 대전 유성, 담임목사 참석

06.15　민족대회 인천에서 개최되어 담임목사 상임공동집행위원장으로 참가함

2004 학생부 수련회

추수감사절

2004 성탄 축하

06.하순　‘꿈이 있는 집’에 미 연합감리교회 평신도 제이 칼본과 그의 딸 크샤하 방문

08.02~04 아동부 여름 성경학교 개최: 양평 켈트영성의 집

　　　　주제: ‘성령의 공동체: 교회’

08.09~17 교육담당 정석태 목사 인도네시아 방문

08.17~20 중·고등부 수련회(춘천 가일분교)

08.27　감리교 호남 선교대회 참가

09.13　담임목사 부평 자활후견기관 운영위원회 참석

10.　임원회에서 ‘꿈이 있는 집’ 프로그램을 종료하고 지역 아동센터로 전환하기로 결의함

　　토요등산모임을 갖기로 함

10.10　가을운동회를 백운초등학교에서 개최함

12.07　전국 목회자정의평화실천협의회 20주년 기념예배 참석(백범기념관)

12.12　주일 오후예배를 오후 1시 30분으로 이동하여 드리기 시작함

12.25　성탄예배

　　세례자 명단: 김용구, 한성호, 인명관, 이종곤, 박지성, 김병훈

　　유아세례자 명단: 김예람, 정예원

12.26　당회에서 신천집사로 홍영애, 구미자, 강지현, 강수현, 전수경, 전보경, 배환복, 정정열, 정지웅, 민병기, 신천권사로 송미연을 선출함

민주평화통일자문회의
인천 종교 지도자 평화 포럼
강사 : 정동영 장관 · 이재정 수석부의장
2005. 11. 17 (목) 오전 11:00
파라다이스 호텔 인천

강사 : 정동영
파라다이스 호텔
2005. 11. 17 (목) 오전 11:00

01.02	임원임명
	신천권사 : 송미연
	신천집사 : 홍영애, 구미자, 강지현, 강수현, 정지웅
01.30	설교: 무감비 목사(케냐 감리교회)
02.26	부평 서지방회(장소: 산곡교회)에서 이명용 장로 은퇴식 거행
02.27	게시대 기증: 이진실 집사
03	김광석 전도사 다시 부임
	김성복 목사, 연세대 연합신학대학원 박사과정 종합시험 통과하여 논문작성 자격 얻음
03.27	부활절 세례식 거행 : 김용구 성도
04.01	밤 9시 하룻밤 부흥회 강사 : 이동섭 목사(오스틴 연합감리교회)
04.05	중 · 고등부 등반대회(계양산)
04.17	창립 21주년 기념주일 및 이명용 장로 은퇴 찬하예배
04.18~27	담임목사 연세신학 70주년 기념 재미동문세미나 참석차 미국 방문
05.15	성년주일을 맞이하여 세례아동의 입교식 거행
	입교인: 김민구, 정종일, 권오영, 김새롬, 정소영, 유리
	정석태 목사 사임
05.21	부평 서지방 청 · 장년연합회 족구대회 우승, 연회대항 경기에 출전
05.30	제2회 감리교 사회복지대회(서울 영일교회)에서 담임목사 사회복지 유공자상 수상

06.03~05 성령강림절 부흥회 강사: 박영민 목사(미국 킴볼레이크 교회 담임)

06.19　　복음성가집 60권 기증: 김정례 권사

06.20　　담임목사, 감리교 희망연대 회장으로 피선

07.　　　폐휴대폰 모으기 운동 시작함

07.10　　103여단 제7873부대 필승교회 방문, 찬양예배와 교회 건축헌금
　　　　　전달

07.25~27 미션파워 중·고등부 여름 수련회(오산 성은동산)

08.14　　8.15 평화통일 대축전 개막식 및 남북통일 축구대회 참가

10.09　　전교인 체육대회 및 가을 운동회

10.12~15 대한 적십자사 감독관으로 남포방문 / 감리교 서부연회에서 준
　　　　　비한 식량전달하고 귀국

10.23　　부평 서지방 아동부 성가경연대회 왕수연 양 독창부문 특별상
　　　　　수상

11.04~06 가을 찬양전도집회(강사: 이병선 전도사)

12.08　　민족 화해협력 범국민협의회 주최 감리교 평화통일 선교위원회
　　　　　주관 인천시민대화모임 참가

12.18　　당회에서 명예장로: 배태섭, 신천권사: 신한순, 유충렬, 신천집
　　　　　사: 박종욱, 정정렬, 김 영, 배환복, 배영순, 전수경, 전보경, 김애
　　　　　라, 이승헌 선출

12.25　　성탄예배
　　　　　세례자 명단 : 임경빈, 김회순, 이춘자, 장미옥
　　　　　영아 세례자 명단: 허건회, 강대현, 왕가희, 정종은

2006년

01.01　　　임원임명

　　　　　명예장로: 배태섭

　　　　　신천권사: 신한순, 유충렬

　　　　　신천집사: 박종욱, 전보경

01.15　　　난로 기증: 배태섭

　　　　　신디사이저: 유충렬 권사, 박종욱 집사, 신한순 권사, 전보경 집사

01.22~24 중 · 고등부 수련회(켈트영성의 집)

02.18　　　부평 서지방회에서 강이남 장로님 본 교회로 이명 파송

04.09　　　아동상담센터 부원장과 교회 사무행정실에 윤영 교육사님이 근
　　　　　무시작

04.16　　　부활주일

　　　　　세례자 명단: 김 영, 장수현, 이춘자, 유태현, 박광석

04.23　　　창립 23주년 기념주일

05.07　　　전교인 야외예배(영흥도 해수욕장)

05.14　　　성년주일 입교식 거행

　　　　　입교인: 김새날

05.24　　　웨슬리 회심일에 웨슬리 성서대학 (TBC 성서연구 제2기) 개강

06.04　　　안순남 전도사 사임

06.23　　　하계 신앙강화를 위한 영성집회(안양 갈멜산 기도원)

07.09　　　맥추절 주일 저녁 특별찬양집회 '미션 파워'

07.16~17 영성훈련(석모도 산수 펜션)

07.28~30 여름 성경학교

08.07~09 중·고등부 수련회 장소: 강화 임마누엘 농아인 교회

08.14~15 청·장년선교회 여름 수련회(선재도)

08.18~19 찬양대 교회학교 교사 단합대회(영흥도)

08.30　　 임시 구역회: 황성연 감리사 주재

　　　　　안건: 십정4구역 재개발 사업에 관한 동의안 처리

09.03　　 웨슬리 봉사단 재조직

　　　　　단장: 김영범, 총무: 임경빈

09.24　　 아동부 공개수업으로 메빅예배를 드리다.

10.05　　 가을운동회 개최

　　　　　준비위원장: 이영민 집사, 장소: 백운초등학교

12.24　　 성탄축하 찬양예배

12.25　　 성탄예배

　　　　　세례자: 김환동

　　　　　당회보고 신천장로 : 조유순, 신천권사 : 황남순, 신천집사 : 허
진욱, 강홍숙

2007년

01.07　　 임원임명 : 권사 황남순, 집사 : 허진욱, 강홍숙

02.02~03 중·고등부 수련회(강화도)

03.04　　 정월 대보름 윷놀이 대회

03.27   개성 나무심기 행사에 담임목사 참여

04.08   부활주일

         세례자 명단: 김보영, 박한조

04.18   임재훈 목사(독일 칼스루에 교회 담임)설교

04.21   신한순 권사 별세

05.03   개성 나무심기 행사에 참여

05.25~27 심령부흥성회

         강사: 김성복 목사

         주제: 제자, 신자, 청자, 행자, 성자교인

06.01   개성 나무심기 행사에 참여

06.14~17 김성복 목사, 6.15민족공동행사 남측 대표단으로 참석차 방북.

07.11~13 남북 종교인협의회 참석차 금강산 방문

07.14~28 전교인 특별새벽기도회

07.18   미국 뉴저지 맨덤 연합감리교회 '제이 칼본' 본교회 방문 및 초
         등어린이집 자원봉사

07.29   고(故) 유인식 형제 20주기 추모예배 개최

07.30   미국 하트포드 감리교회 송시형군 본 교회 방문

08.06~08 중ㆍ고등부 수련회(인천 옥련동 예수제자기도원)

08.23   감리교 영남선교대회 7명 참석

08.30   김성복 목사 협성대 목회상담 강의 시작함

09.05   송성모 목사 설교(하트포드 연합감리교회 담임)

09.09   교회 신동아 상가 앞 지주간판 설치

10.28   가을운동회 개최 장소: 백운초등학교

11.13	개성 나무심기 행사 참여
11.19	박병희 집사 별세
11.24	'생명걷기대회' 주최: 중부연회 웨슬리봉사단
	희망동산 출발 종합문화예술회관 도착
12.09	샘터교회 웨슬리봉사단 태안반도에 기름제거 자원봉사 다녀옴
12.16	대림절 특별찬양집회 미션파워 초청
12.20	웨슬리봉사단과 더불어 연탄 2000장 전달식 거행
12.23	석광억 목사 설교(남아프리카 공화국 케이프타운 교회 담임)
12.25	성탄예배
	영아세례자 명단: 배민석
	아동세례자 명단: 박석란, 서하은

당회에서 신천장로로 조유순 권사를 다시 추천하다.

신천집사: 정정렬, 이승헌, 임경빈, 박광석

2008년

01.06	임원임명 : 임경빈, 이승헌
01.27	담임목사 코네티컷주 하트포드 한인연합감리교회 임원세미나
	인도(동행: 강승현, 박한조, 최근우, 최근선)
02.11	교회학교 졸업생 명단
	아동부: 신경인, 강태훈, 김민수

중등부: 박기란, 장순빈

고등부 : 권오성, 인명관, 박지성, 이종곤, 김병훈, 유태현, 장순성

02.22~23 구약말씀 사경회: 윤사무엘 목사(구약학박사, 미국 감람산교회)

02.22 샘터 어린이집 졸업식

02.24 교회창립 25주년 기념사업위원회

위원장 : 김영범, 기획위원 : 배태섭, 강이남, 김남수, 조유순, 김숙하, 허화자, 유충렬, 송미연, 노성숙, 이영민, 이종원, 박종욱

02.27 김광석 전도사 이임

03.01 부평 서지방회: 부평교회

03.16 중고등부 영어 성경공부(토 오후 5시), 청년부 성경공부(주일 오후1시)

03.21 연합속회

03.23 부활주일 세례식: 표지훈, 강성현(강태욱, 허주미)

04.07~08 중부연회(숭의교회)

04.13 임재훈 목사(독일 슈튜트가르트/칼스루에 감리교회 담임) 초청설교

04.06 윤치환 전도사 부임, 최현철 지휘자 부임

04.09 청년부 야외예배(영흥도)

05.02 담임목사 전국목회자 정의평화실천협의회 24차 정기총회에서 공동의장 선출

05.04 전교인 야외예배(김포 덕포진)

05.11 김락훈 목사(캐나다 킨카딘 연합교회 담임) 초청설교

05.11 김광석 전도사 남아프리카공화국 방문보고 및 개척교회(사랑의 교회) 설립 파송예배

08.12.21 샘터 칸타타
Merry Christ Mas !

05.19~30   담임목사 성지순례(이집트, 이스라엘, 요르단 등지)

05.31   중·고등부 학생들을 위한 특별강좌

06.02   부평 서지방 교역자회의

06.06   아동부 인천대공원 나들이

06.05~07   어린이집 교사 금강산 연수

06.29   교회 옥상텃밭 공사

07.25~27   여름 성경학교

08.01~02   중·고등부 수련회(강화도 교동 양갑교회)

08.14~15   청장년선교회 주관 전교인 단합대회 (영흥도 십리포 해수욕장)

08.16~9.01   북한 어린이 의약품보내기 의류일일장터(한민족 교류재단 주
          최, 샘터교회 여선교회 주관)

08.17   북미 선교주일 김철기 목사(한인 연합감리교회) 초청설교

08.29   담임목사 협성대학교 신학대학원 목회상담학 출강

09.23   권영석 성도 별세

10.12   전교인 운동회

10.14~11.01 매주 토요일 추계 대심방

10.21   중부연회 평화통일선교위원회 남북화해 개성답사

10.24   연합속회

11.04~07   남북기독교인 통일기도회 참석(평양봉수교회)

11.30   공천위원회
          신청장로: 조유순, 김정례, 신천권사: 조동현, 신천집사: 정정렬,
          김환동, 박광석

12.25   성탄예배

인도네시아 메단 부평 서지방 개척교회 방문

세례자 명단 : 김세미, 조정란, 이솔

입교자 명단 : 방해리, 전효원, 권오영

2009년

01.04 임원임명

    신천권사: 조동현, 신천집사: 박광석, 김환동, 정정열

    윤치환 전도사 이임, 인천 동지방 '행복한 교회' 담임파송

    구역회 결산: 137,958,628원, 예산: 160,000,000원

02.06~07 담임목사 소록도 방문

02.08 졸업생 명단

    초등부: 김현아, 이솔, 서하은

    중등부: 김달현, 왕수연

    고등부: 박한순

    대학원: 전효원

03.11~04.04 춘계 대심방

04.10 연합속회

04.12 부활절예배 세례자: 양윤미 성도

04.19 김영범 장로 은퇴 찬하예배

04.22 담임목사 감리사 선출(68회 중부연회)

04.26 임재훈 목사(독일 슈튜트가르트/칼스루에감리교회 담임) 초청설교

05.10 담임목사 '부평의제21 도시환경분과 위원장' 역임 부평구청장

2010 인천목정평 상임회장 취임

자치 80주년기념 감리사대회

공로패 수상

06.28 　　차덕윤 목사(미국 텍사스주 달라스) 초청설교

08.02 　　정정열, 전보경 집사 유아실 에어컨 기증

09.13 　　수요예배 오전으로 이동, 금요 심야기도회 신설

10.11 　　전교인 야외예배(청천동 원적산 공원)

10.12~17 담임목사 인도네시아 메단 부평 서지방 개척교회 방문

12.20 　　예수 희망잔치

12.20 　　당회 공천보고

　　　　　명예권사: 홍영애, 박원희, 신천집사: 민종훈, 최현철, 김용구,

　　　　　조세정, 조정란, 주영아, 이명집사: 공정임, 송미화

2010년

2010년 신임원

명예권사: 홍영애, 박원희

신천집사: 민종훈, 최현철, 조정란

이명집사: 공정임, 송미화

01.04~09 신년축복 새벽기도회

01.16 　　교사강습회(강사: 기독교놀이연구소 노승주전도사), 장소: 샘
　　　　　터 어린이집 지하

01.17 　　구역회 보고

　　　　　2009년도 총수입 결산: 134,955,588원

일반회계수입 결산: 119,404,966원 

특별회계수입 결산: 15,550,622원

2010년 예산

수입 일반회계: 120,000,000원

특별회계: 20,000,000원

지출 일반회계: 110,000,000원

특별회계: 30,000,000원

샘터 어린이집 결산

수입: 449,000,000원, 지출: 435,000,000원

초등어린이집 결산

수입: 97,300,000원, 지출: 96,885,000원

경로식당 결산: 23,842,000원

02.14 졸업생 명단

초등: 최근우

중등: 김근수, 박한조, 박혜진,

대학: 유리, 권오영, 김새롬

02.21 샘터 어린이집 2010학년도 반편성안

원 장: 송미연, 원 감: 김혜자

물망울: 이옥선, 옹달샘: 이은향, 김혜자, 샘물: 박지혜,

호수: 양윤미, 바 다: 황호영, 주 방: 조미경 신용애

02.26~28 부흥사경회 강사: 홍성국 목사(중부제일교회)

02.28 예수초청의 날

교회학교 교사명단

교장: 조유순, 교육사: 최진숙, 교사: 이미숙, 왕수연, 박현랑, 양윤미, 황호영, 조세정, 이선화, 중·고등부 부장: 김은선, 교사: 박순아, 청년부 간사: 이옥선

03.07 주일 오후예배: 배태섭 장로 신앙간증

04.04 강지현 집사 음악학원 개원예배 10일 토요일 11시, 문학동

안순남 전도사 남편, 한재노 집사 소천(별세) 1일 장례식

부활절 유아세례자 명단: 김예음(김정규, 강수현), 최하연(최현철, 김새롬)

04.12~21 부평서지방 교역자 수양회 호주

04.18 노성숙 권사 서구 실용음악학원 개원예배 5월 1일 토요일 11시

남선교회원(배태섭 장로님과 유충렬 권사님 등을) 중심으로 교회 예배실 조명 수리

05.23 웨슬리 회심기념주일, 성령강림절

전교인 야외예배: 부평구 청천동 나비공원

담임목사 제26차 전국 목회자 정의평화협의회 총회에서 상임의장으로 선출

05.30 전쟁반대와 한반도 평화를 위한 세이레 특별새벽기도회: 5/31~6/20

전교인 야외예배

06.06 청년부 하루 찻집

여름 성경학교 7.23(금)~25일(주일)에 개최

08.01 중·고등부 일일수련회(강화도)

08.03 일일 영성수련(강화도 갈멜산 기도원)

08.04   남선교회 일일 단합대회(함봉산)

08.29   부평 서지방 내 미자립 교회(참사랑교회) 후원을 위한 특별헌금
         130만원

08.26   청년주일 '샘터교회 가을 성가곡의 밤'

09.22   임원회 15인승 이스타나를 매각하여 12인승 오토 차량을 구입
         하되 샘터 어린이집의 운영계획에 따라 추진하기로 함(혹은 샘
         터 무료급식소의 배달 차량을 구매하기로 함)

11.21   골든벨 성경 퀴즈 대회: 1등 김정례 권사
         임원회: 점심은 라면과 김치로 하고 라면은 교회 재정으로 준비
         김장은 내년부터 교회재정으로 함
         교회 부채상환을 위해 매주일 100만원씩 상환하고 건축헌금을
         드린다

12.19   당회보고
         신천집사 공천: 김용구, 주영아, 전애자, 이선화, 박현랑, 김새
         롬, 이혜연, 김조겸, 김창희, 신동아, 한성호, 한은주
         신천권사 공천: 조미경, 강명하, 최원근, 박종욱
         신천장로로 공천: 김정례

12.25   성탄절 유아세례: 배은석

12.26   강이남 장로 은퇴 및 전도사 파송예배

01.02 임원임명

신천권사: 조미경, 강명하

신천집사: 김용구, 김조겸, 이선화, 전애자, 주영아, 이혜연

정종일 최승희성도 2011년 1월 8일(토)오후1시 고려웨딩홀에
서 결혼

01.16 구역회 보고

일반회계 수입결산: 139,780,320원

일반회계 지출결산: 115,216,050원

특별회계 수입결산: 10,645,800원

특별회계 지출결산: 35,210,070원

2010 재정보고

총수입: 150,426,120원

총지출: 150,426,120원

01.23 에스더 여선교회에서 접시 70개 포크 50개를 기증

02.06 졸업생 명단

초등: 송민호

중등: 신경인, 강태훈, 이신석

대학: 김혜자

02.20 중·고등부장: 박순아, 교사: 전태경

청년부장: 박종욱

교육부장: 이은미

교 장: 조유순

교 감: 강명하

아동부장: 이옥선

교 사: 전애자, 유리, 양윤미, 이혜연

02.27 춘계부흥성회 강사: 김필수 목사(군산 비전교회)

샘터 어린이집 교사발령

원 장: 송미연, 원 감: 이옥선

바다반: 양윤미, 호수반: 전태경

샘물반: 이은향, 옹달샘: 박지혜, 이옥선

물방울: 김현주, 무지개: 주영아, 박남경

은하수: 이미숙, 조리사: 조미경, 강명하

샘터 초등 어린이집 교사발령

원 장: 김은선

저학년: 박은숙

고학년: 조은주

03.17 김정례 장로 취임예배

기획위원회 보고: 12인승 오토 중고 스타렉스를 구입하기로 하

고 특별 헌금을 드리기로 함

김정례 장로 장로취임 기념으로 300만원을 헌금

04.10 부활주일

세례아동: 김은빈(김성환, 전태경)

05.14 아동부 성지순례

인사발령

제13회 기독교 대한감리회
중부연회 부평서지방회

신령한
축 장로취임

임명: 샘터 초등 어린이집 원장 전태경

임명: 샘터 어린이집 보육교사 정영숙

05.15   주일예배 설교: 말레이시아 선교사 김권민 목사

07.10   부평미군부대 캠프 마켓의 맹독성 폐기물 진상조사를 위한 서

명운동을 시작

08.14   3040모임: 14~15일 강화 들꽃 피는 언덕에서 7명이 모임

추계야외예배: 10.09일, 장소: 부평공원

전도 훈련 세미나

10.23   기획위원회 보고

담임목사 안식년 시행을 위하여 연구 검토하기로 함

십정4구역 재개발 사업 시행 인가에 있어서 교회 위치를 바로잡

기 위하여 대책위원회를 구성하기로 함

11.25~27 희망드림 부흥성회 강사: 김동준 목사(강서교회)

12.4   구역인사위원회 보고

부담임 목사로 김신애 목사(고난함께 사무국장)을 청빙하기로

결의

12.23   성탄 특별찬양집회(박준서 집사 인도)

12.27   신천 집사, 권사 교육(경인교회)

당회보고

신천장로: 유충렬

신천권사: 가순미, 김은선, 신금희, 박종욱

신천집사: 전효원, 신동아, 이종원, 이연재, 이연옥, 김창희, 박

지혜, 박현랑, 정종일, 김현주

단동 포럼 참석

01.01 신천권사: 가순미

신천집사: 신동아, 전효원, 정종일

01.08 구역회 보고

일반회계 수입: 126,899,483원

지출: 108,425,930원

특별회계 수입: 13,195,200원

지출: 31,652,533원

이월: 16,220원

총수입지출: 140,094,683원

01.22 사회복지관 보고

샘터 어린이집

총수입: 523,362,995원

총지출: 505,588,997원

샘터 초등어린이집

총수입: 110,036,981원

총지출: 109,636,981원

경로식당(무료급식소)

총수입: 21,600,000원

총지출: 21,600,000원

스피커 세트: 가순미 권사, 이동식 앰프 세트: 전효원 · 신동아 · 정종일 집사 헌물

01.22   조은영 전도사 부임

02.12   졸업축하주일

         초등부 최유선

         중등부 김현아

02.26   교회학교 교사 임명

         교육부장: 이은미, 교육전도사: 조은영, 교회학교장: 조유순,

         학생부장: 박순아, 아동부 교사: 김현주, 백종미, 양윤미, 유리

         샘터 어린이집 교사 반배정

         원 장: 송미연, 원 감: 이옥선

         바다반: 양윤미, 호수반: 박지혜, 샘물반: 김현주, 옹달샘반:

         지서현, 물방울반: 정영숙, 무지개반: 주영아, 박남경, 은하수반:

         이미숙, 조리사: 조미경, 왕규선

         샘터 초등어린이집 교사발령

         원 장: 전태경

         저학년: 백종미

         고학년: 김소영

04.08   부활절 세례자: 정예은(유세), 이창규, 허주석

04.14   아동부 봄나들이(부천 만화박물관)

04.15   샘터교회 창립기념 홍수환 장로 초청 간증집회

04.22   이시용 목사(노스루이스버그 연합감리교회 담임목사) 초청설교

04.28   총여선교회 봄나들이

05.13   춘계 야외예배(함봉산)

06.07~10 담임목사 중국 단둥 방문

06.17   청년부 나들이(대부도)

06.18~24 민족화해기도주간(18~24) 특별 새벽기도

07.07   아동부 토요 나들이, 양화진 선교사 묘역 견학

07.27~29 여름 성경학교

08.06~09 청소년평화캠프

09.09   장학사업 특별헌금

10.13   아동부 가을 나들이(동인천 종교전래지 탐방)

10.21   가을 전교인 나들이(철원 대한수도원)

11.25   총동원 주일

11.26~30 (금) 저녁 9시 작정밤기도회

12.02   총회 결과 보고

남선교회: 회장 김남수, 부회장 유충렬, 박종욱, 총무 김환동, 서기 정정열, 회계 안영균

총여선교회: 회장 조미경, 총무 송미연

청년회: 회장 김민구, 총무 김현주, 서기 최창희, 회계 박지혜

12.23   임원회 보고

연간 두차례 작정밤기도회를 개최하기로 함

매월 첫 주 금요일에 월삭 밤기도회를 열기로 함

12.23   당회공천

신천장로: 유충렬

신천권사: 공정임, 정수, 김윤기, 원유순, 박점순, 박종욱, 이영민, 곽경전, 신금희, 김은선, 박순아, 인보환

이명집사: 김회순, 신동윤

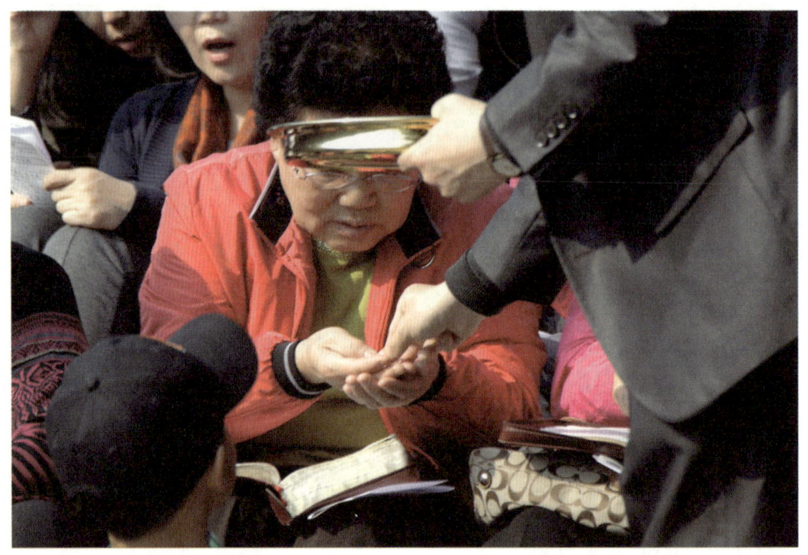

신천집사: 이종원, 안영균, 김성환, 김창희, 조세정, 이지은, 김현주, 박지혜

12.24 성탄전야제

12.25 성탄예배 세례자: 김소영 성도

12.30 신임임원 명단

신천권사: 김윤기, 김은선, 박점순, 신금희, 이영민

신천집사: 이지은, 조세정, 안영균, 이종원

이명집사: 김회순, 신동윤

연홍진 지휘자 이임

2013년

01.13 구역회 보고

총수입: 145,026,927원

일반회계: 119,911,927원

특별회계: 25,870,000원

수입지출 예산: 150,000,000원(일반 120,000,000원 특별 30,000,000원)

01.27 아동부 총동원예배 및 인천대공원 눈썰매장 나들이

문자야 놀자

축
제15회 중부연회 부평서지방회
일시 : 2013. 2. 23 (토) 오전 9시 / 장소 : 부평감리교회

여선교회

여선교회

부록

♣ 연도별 성도 등록 현황 | "이 명단은 주보의 기록만을 기로로 하여 정리한 미완의 자료입니다. 이에 다수의 교인 명단이 누락된 점 양해 바랍니다."

연도	날짜	이름
1983	3.20	손동걸 부부, 최종상, 최현숙
	3.28	김연수 부부
	4.03	유정숙
	4.10	박승화, 이현주
	4.17	이문희, 강종순
	4.24	조춘자, 이선미
	5.01	배수열
	5.08	박용천
	5.22	강경문 부부, 김연수
	5.29	한명숙, 신영란, 오대환, 최숙녀
	6.05	이정신
	6.19	오현환
	8.14	김소영
	8.21	심순금, 최은희, 임연화, 오태규
	9.18	홍금런, 최노순
1984	2.05	한명숙
	2.12	조희아
	3.25	천경자
	4.01	이명호
	4.08	차은주
	5.13	이옥자, 강연신
	7.08	김경희, 송경숙
	7.15	임명오
	11.29	정희윤, 이미향, 이명순, 조경애, 배미화
1985	2.03	김원일, 신호용 부부
	3.10	김영숙
	6.16	김상덕
	6.23	이철민, 주용구
	6.30	오정섭, 이종묵, 최송묘
	7.07	이은형, 이기복
	7.21	이각종, 이정란
	7.28	김점순
	8.04	박수경
	8.17	서근선
	9.08	곽옥순
	10.13	한장희

연도	날짜	명단
	10.20	배성옥, 변의정
	10.27	채영자
	12.29	이정훈
1986	1.12	박근상
	2.02	조영우, 김윤기, 노종건
	4.06	방준길
	8.31	한순자, 송연옥, 함민자
	9.07	오수환
	9.14	손의성
	9.21	기우진 군의 모친
	10.12	김영주, 양미숙, 추은숙, 허수정
	10.19	추양숙
	10.26	이화숙, 박미향, 조지혜
	11.02	조병수, 김홍희, 최경희
	11.09	손은자
	11.23	황병화, 이홍진, 함정순, 조선영
1987	1.18	박영태, 송영구
	1.25	나덕희
	5.31	정구복
	6.21	박순정
	6.28	홍연의, 김미영
	7.05	송화자, 박성연
	10.25	박경자, 조민숙, 권순희
	11.08	서문수, 조규남
	11.15	신한순, 임순우
1988	1.03	김석봉, 이봉자, 김은희
	1.17	유민호, 박금자
	4.10	김순옥, 이원화, 김복용
1989	3.05	권용희
	3.12	최경아
	8.20	조준철, 장설주, 조남휘
1990	2.11	유미숙
	2.18	박광선 형수
	2.25	이월순
	3.04	이세구, 강미경
	4.01	최애순

1990	4.08	이은숙, 권혁미
	4.15	하우용, 김효수
	4.22	박승만, 전영순
	6.17	허화자, 황선이
	6.24	김용주
	7.08	박경우, 박영주, 김정희
	7.22	유병도, 최경희
	7.29	남영숙
	8.05	최재원, 김춘숙
	11.18	김순교
1991	3.21	이향순
	6.16	박동우, 김말수, 박태휘, 박대중
1992	1.05	송미연, 김쌍임
	1.12	박찬옥
	1.19	박순자
	3.15	마공애
	3.29	김태용
	4.19	이성지
	4.26	김홍식
	8.09	김용순
	12.06	이승구
1993	2.14	박미정, 김현경
	3.7	김옥자
	3.21	김현주, 문두수
	5.23	김기석, 김소영
	8.15	정석훈
	8.29	김봉선
	9.26	홍창심
1994	4.03	임동례
	5.22	최은정
	7.10	김관중, 조필언, 성나순, 이경애
	9.18	채미옥
	10.23	구미자, 구미애
1995	4.30	송길영, 송인우, 송솔
	7.09	류지용
	12.10	홍미숙

연도	날짜	명단
1996	1.21	진정주, 박요엘, 진경효, 진효경
	4.21	김종곤
	5.26	이상섭, 정태희
	6.09	남운님
	7.28	노경희
	8.18	차명옥, 김종곤, 유선희, 노경희
	10.27	이현식
	11.17	이용숙, 신재원
	12.01	이만협 부부, 권영익, Liliana(페루 출신)
1997	1.05	최원경
	2.02	노성숙
	2.23	권예경
	6.08	김은선
	6.29	김효진
	7.14	조규영, 오인희
	7.21	남길영
	8.17	이희환, 박영숙
	8.24	김복연
	10.26	남태숙, 김향숙
1998	1.01	신금희, 이강곤, 이승자, 김맹순
	1.25	최금예
	3.08	김윤경, 어수임
	3.22	송영자
1999	8.08	박종욱, 김말심
2000	1.30	이윤주
	5.07	용용원, 이춘자, 이시녕
	5.28	최미경
	6.18	최윤희
	8.13	선공학, 안순남, 한재노, 한성호, 한은주
	9.17	이새순
	10.08	이승아
	10.22	곽순자, 조재용, 박경희
	10.29	유원근
	11.26	김상철, 최미경
	12.10	인보환
	12.31	김현숙

2001	1.07	인문광
	1.14	문인화, 조영진
	1.28	조인화, 문영진
	3.04	인치룡, 김 영 부부
	4.22	김현연, 김병수, 이혜경
	5.13	서효애
	7.01	신진선, 유복순
	7.15	김병수, 문숙희
	7.22	장정예
	8.04	조영예
	8.26	원린수
	9.09	이정원, 김지수
	9.23	이상귀, 차정숙, 이봉길, 이승경, 이승아
	10.14	최국회, 이정아
	11.04	이한나
2002	1.20	황선우, 한갑분 가정
	2.17	문옥선
	3.17	장정애, 권기찬, 고미숙, 권지수, 권지훈
	4.07	차은정
	5.12	박한섭, 안정아, 박진이, 박경준
	6.16	김복순, 서충호
	7.21	홍영애, 이동경
	8.11	한효순
	9.22	김은정, 김세희
	10.13	박원희
	11.03	이봉진
2003	1.26	조미형
	4.06	김영춘, 방해리
	4.13	김영춘, 박미화
	4.27	최병준, 한명일, 장정한
	12.07	김소영
	12.21	백현실, 김미순
2004	3.14	임동욱, 강윤경
	1.16	왕용규
	1.23	이춘광
	4.24	조정만

연도	날짜	이름
2005	5.15 6.05 6.19 7.03 9.03	이영희, 장한순 강태욱, 장미옥 원린수, 전국선 김춘식 허진욱, 강홍숙
2006	1.01 2.26	김선미 박수현, 김혜민, 송아름, 조지혜
2007	2.04 2.11 3.04 6.04 7.08 7.15 12.09	박덕기, 김준형 이은선, 김세미, 김윤경, 이은향, 김보영 박덕기, 박선영 조동현, 신희선 성미화 손관호 최인혜
2008	9.28 10.05	신지예 방해리
2009	2.08 2.15 3.01 8.09 8.16	최진호 최병섭 도지혜, 양윤미, 심미선 기예화 이혜연
2010	없음	
2011	3.06 5.15 12.04 12.11	박남경 윤대호 안영균 김광훈
2012	1.15 2.05 2.12	백종미 김소영 박점순, 이지은
2013	2.19 2.05 7.15 7.22 10.28	허주석 김소영 복미영, 임경수, 임재민, 임다인 최수미 강지혜 가정 최창희
2013	1.06 1.13 2.24 2.03 2.24 3.31 4.4	김영일 강민우 최훈희 이세구, 주명애 김홍인, 백경아, 김청화 이순호 이한나, 김은신

1984	섬기며 나누는 교회
1986	영성훈련의 신앙 공동체
2003	영성과 지성을 겸비한 신앙인
2004	세상을 변화시키는 교회
2005	변화와 부흥을 이루는 교회
2006	예수님을 닮아가는 신앙공동체
2007	평화와 통합을 이루는 교회
2008	맑고 온유한 영성의 신앙인
2009	예수의 영이 충만한 교회
2010	하나님의 은혜가 풍성한 교회
2011	신령한 은사가 넘치는 공동체
2012	정의와 평화를 이루는 생명의 공동체
2013	생명의 하나님, 평화와 통일을 주소서!

♣ 연도별 교회 및 지방회 대표 명단

연도	교회	지방회
1985	안나 여선교회 고문: 한순이, 백순희 회장: 문옥순 부회장: 강순심 총무: 유병희 에스더 여선교회장: 최영자 부회장: 천경자 회계: 이선옥	
1986	기획위원: 김성복, 김옥동, 문옥순, 최영자, 강순심, 노성숙, 이봉길, 이선옥 선교부: 문옥순, 이선옥, 천경자 교육부: 최영자, 백석근, 이은미 재무부: 김옥동, 심순금, 노성숙 관리부: 강순심, 백순희, 홍영자 사회봉사부: 이봉길, 유병희, 이각종 감 사: 신호용	
1987	기획위원: 김성복, 최영자, 유병희, 강순심, 이선옥, 송경숙, 차은주 청년회장: 전성민 선교부장: 유병희 교육부장: 김성금 재무부장: 최영자 관리부장: 이봉길 봉사부장: 노성숙	담임자: 김성복 전사대표: 강순심 선교부: 유병희 교육부: 김성금 재무부: 최영자 사회봉사부: 노성숙 관리부: 이봉길 청년회: 전성민 여선교회: 이선옥
1988	선교부장: 강순심 교육부장: 김효진 사회봉사부장: 유병희 재무부장: 최영자 관리부장: 장인식 여선교회장: 송경숙 서기: 함정순 회계: 이명순 봉사: 최종애 교육: 유병희 교회학교장: 김성복	대표: 최영자, 강순심, 김효진, 이선옥, 장인식, 유병희, 김운용, 이명호, 송경숙

연도		
	교회학교감: 최영자 성가대장: 신호용	
1989		권사대표: 최영자 선교부: 이명순 교육부: 송경숙 사회: 강순심 재무부: 이선옥 관리부: 최종애 여선교회: 유병희 청 · 장년회: 장인식
1990	당회서기: 전명종 선교부: 강순심 교육부: 김효진 재무부: 최영자 사회봉사부: 이명순 관리부: 장일식 총여선교회장: 유병희 제1부 여선교회: 강순심 제2부 여선교회: 유병희 제3부 여선교회: 왕재경 청 · 장년회장: 장인식 청년회장: 이필환	
1991	남선교회 회장: 이명룡 여선교회 총회장: 이선옥 한나 여선교회: 강정옥 에스더 여선교회: 송경숙 마리아 여선교회: 왕재경 청 · 장년회 총회장: 장인식 제1청 · 장년회: 조영우 제2청 · 장년회: 유마영 청년회 회장: 박광선 선교부장: 강정옥 교육부장: 송경숙 사회봉사부장: 이명룡 재무부: 이선옥 관리부장: 권평환	대표: 강순심, 강정옥, 송경숙, 이선옥, 권평환, 이명룡, 박광선, 조영우, 왕재경

연도		
1992	선교부장: 이선옥 교육부장: 송경숙 사회봉사부: 강정옥 재무부: 권평환 관리부: 강순심 당회서기: 김효진 감사: 라병선, 민상규	
1993	선교부장: 이선옥 교육부장: 송경숙 재정부장: 이명룡 관리부장: 김효진 사회봉사부장: 강순심 교회음악부장: 강정옥 성가대장: 이은미 교회학교장: 전명종 남선교회장: 이명룡 한나 여선교회장: 강순심 에스더 여선교회장: 송경숙 마리아 여선교회장: 왕재경 청 · 장년회장: 류마영 청년회장: 추양숙	
1994	에스더 여선교회장: 조유순 마리아 여선교회장: 최순복 안나 여선교회장: 강순심 청 · 장년회장: 김남수 청년회장: 배인경 기획위원회조직: 김성복, 이명룡, 강순심, 강 　　　　　　정옥, 김효진, 김남수, 류마영	
1995		
1996	기획위원: 강순심, 강정옥, 류마영, 김남수, 　　　　　장인식, 민상규, 신한순, 라병선 당회서기: 라병선 선교부장: 조유순 교육부장: 장인식 사회봉사부장: 김남수 재무부장: 조유순	권사: 강정옥 선교부장: 조유순 교육부장: 장인식 재무부장: 류마영 관리부장: 강순심 사회부장: 조영우 음악부장: 이은미

	기획위원: 김숙하, 김옥자, 관리부장: 강순심 음악부장: 이은미 여선교총회장: 조유순 에스더 여선교회장: 허화자 마리아 여선교회장: 송미연 안나 여선교회장: 강순심 청년회장: 이재숙	여선교회: 허화자 남선교회: 라병선 청년회: 이재숙
1997		권사: 류마영 선교부장: 허화자 교육부장: 라병선 재무부장: 조유순 사회봉사부장: 김남수 관리부장: 강순심 음악부장: 왕재경 남선교회장: 조영우 여선교회장: 김숙하 청·장년선교회장: 민상규 청년회장: 이승헌
1998	당회서기: 민상규 선교부장: 김남수 교육부장: 류마영 관리부장: 왕재경 음악부장: 임순우 재무부장: 라병선 감사부장: 조유순 사회봉사부장: 김숙하 여선교회총회장: 허화자 안나 여선교회장: 강춘자 에스더 여선교회장: 허화자 마리아 여선교회장: 전진경 마르다 여선교회장: 박순아 학생회장: 정소영 청년회장: 김인경	권사: 조유순 재무부: 라병선 음악부: 임순우 선교부: 진문정 관리부: 김혜자 교육부: 김옥자 사회부: 김숙하 여선교회: 허화자 청·장년회: 민상규 청년회: 김인경
1999	선교부장: 허화자 교육부장: 조유순	권사: 조유순 선교부: 허화자

연도		
	재무부장: 김숙하 사회봉사부장: 왕재경 음악부장: 임순우 관리부장: 류마영 청년회장: 전태경 교회학교장: 이은미	교육부: 김은선 사회봉사부: 한순예 음악부: 임순우 재무부: 김숙하 관리부: 곽경전 여선교회: 홍창심 청·장년회: 김남수 교회학교: 김옥자 청년부: 전태경
2000	총여선교회회장: 조유순 안나 여선교회회장: 강춘자 에스더 여선교회장: 허화자 마리아 여선교회회장: 홍창심 청·장년회장: 이영민	
2001	선교부장: 김숙하 교육부장: 조유순 재무부장: 김남수 음악부장: 최원근 관리부장: 이명용 봉사부장: 허화자 성가대장: 임순우 교회학교장: 이은미	권사대표: 김숙하 선교부: 홍창심 교육부: 조유순 재무부: 김옥자 관리부: 전인호 사회부: 허화자 청·장년회: 유충렬 청년회: 전태경 교회학교: 이은미 문화부: 최원근 남선교회: 이명용 여선교회: 송미연
2002		장로: 이명용, 김남수 권사대표: 김숙하 선교부: 강춘자 교육부: 조유순 문화부: 노성숙 재무부: 김옥자 관리부: 박이순 남선교회: 조재용 여선교회: 김은선 청·장년회: 유충렬 교회학교: 이은미 청년회: 강미영

연도		
2003	에스더 여선교회회장: 김숙하 마리아 여선교회회장: 김혜자 남선교회회장: 이명용	대표: 이명용, 김남수, 김숙하, 김정례, 조부임, 조유순, 임순우, 박병희, 허화자, 이은미, 최원근, 전태경, 신한순, 노성숙
2004	선교부장: 김정례 교육부장: 조부임 사회봉사부장: 노성숙 재무부장: 김옥자 관리부장: 배태섭 문화부장: 임순우 교회학교장: 이은미 성가대장: 김영범 기획위원: 이명용, 김영범, 김남수, 배태섭, 김숙하, 조유순, 허화자 차량봉사위원장: 신한순	대표: 김성복, 정석태, 이명용, 김영범, 김남수, 조유순, 김정례, 조부임, 노성숙, 임순우, 김옥자, 배태섭, 박병희, 허화자, 최원근, 이은미, 전태경
2005	기획위원: 김성복, 정석태, 이명용, 김영범, 김남수, 배태섭, 조부임, 김숙하, 조유순, 허화자 당회감사: 신한순, 조영진 당회서기: 송미연 선교부: 김옥자 교육부: 조유순 사회봉사부: 임순우 문화부: 최원근 재무부: 허화자 관리부: 배태섭 성가대장: 강이남 교회학교: 이은미	대표: 이명용, 김영범, 김남수, 조유순, 김옥자, 김은선, 임순우, 최원근, 허화자, 배태섭, 이은미, 신한순, 김숙하, 이영민, 이승헌
2006	기획위원: 김영범, 김남수, 배태섭, 강이남, 허화자, 김숙하 선교부장: 김옥자 교육부장: 조유순 사회봉사부장: 배태섭	

연도		
	재무부장: 허화자 문화부장: 황혜숙 관리부장: 김영범 찬양대장: 강이남 교회학교장: 이은미	
2007		대표: 김숙하, 강춘자, 조유순, 조부임, 김정례, 허화자, 홍창심, 이은미, 노성숙, 유충렬, 박종욱, 이종원
2008	총여선교회장: 강춘자 총무: 이금자 제1남선교회장: 김남수 총무: 임경빈 제2남선교회장: 유충렬 안나 여선교회장: 조부임 총무: 김정례 루디아 여선교회장: 조유순 총무: 노성숙 에스더 여선교회장: 강명하 총무: 홍창심 마리아 여선교회장: 강수현 총무: 전애자 청·장년회장: 이영민 청년회장: 정종일 찬양대장: 송미연 총무 가순미 회계 박순아	담임목사: 김성복 장로: 김영범, 강이남, 김남수 권사대표: 김숙하 선교부장: 강춘자 교육부장: 조유순 사회봉사부장: 조부임 문화부장: 황혜숙 재무부장: 허화자 관리부장: 김정례 교회학교장: 이은미 남선교회: 유충렬 여선교회: 노성숙 청·장년회: 이영민 청년회장: 이종원
2009	총여선교회장: 강춘자 총무: 조유순 남선교회장: 김남수 총무: 임경빈 안나 여선교회장: 조부임 총무: 김정례 에스더 여선교회장: 조미경	담임목사: 김성복 장로: 김영범, 강이남, 김남수 권사대표: 허화자 선교부대표: 조미경 교육부대표: 이은미 사회봉사부대표: 김혜자

	총무: 김혜자 찬양대장: 김혜자 총무: 이승헌	문화부대표: 황혜숙 재무부대표: 김정례 관리부대표: 유충렬 교회학교대표: 조유순 여선교회대표: 강춘자 남선교회대표: 임경빈 청·장년회대표: 이영민 청년회대표: 정종일
2010	총여선교회장: 조미경 총무: 신금희 남선교회장: 김남수 총무: 임경빈 안나 여선교회장: 홍영애 총무: 김정례 에스더 여선교회장: 김옥자 총무: 이연옥 마리아 여선교회장: 이선화 총무: 박현랑 청년회장: 김현주 총무: 이미숙 회계: 송미연 기획위원: 김성복, 배태섭, 김영범, 강이남, 　　　　　김남수, 조유순, 김정례, 유충렬, 　　　　　박종욱 당회감사: 강이남, 김옥자 당회서기: 박종욱 선교부장: 조미경 교육부장: 이은미 사회봉사부장: 임경빈 문화부장: 송미연 재무부장: 김정례 관리부장: 유충렬 찬양대장: 김혜자 교회학교장: 조유순 웨슬리봉사 단장: 김영범 차량봉사 위원장: 강이남	대표: 시무장로 전원, 　　　허화자, 조미경, 이 　　　은미, 김정례, 유충 　　　렬, 송미연, 임경 　　　빈, 조유순, 강춘 　　　자, 박종욱, 최원 　　　근, 김민구

연도		
2011	총여선교회장: 조미경 총무: 신금희 남선교회장: 김남수 총무: 임경빈 안나 여선교회회장: 홍영애 총무: 김정례 루디아 여선교회장: 임순우 총무: 송미화 에스더 여선교회장: 김옥자 총무: 이연옥 마리아 여선교회장: 이선화 총무: 박현랑 청년회장: 김현주 찬양대장: 정정열 총무: 이미숙 회계: 송미연 기획위원: 김성복, 김남수, 유충렬, 김정례, 송미연, 조유순, 노성숙, 조미경 선교부장: 조미경 교육부장: 이은미 서기: 강명하 사회봉사부장: 임경빈 문화부장: 박종욱 재무부장: 김정례 회계: 심금희 서기: 김은선 관리부장: 유충렬	대표: 김남수, 김정례, 조미경, 이은미, 노성숙, 박종욱, 김은선, 유충렬, 김환동, 신금희, 배규돈, 조유순, 김현주
2012		대표: 김성복, 김신애, 김남수, 김정례 권사대표: 송미연 선교부대표: 조미경 교육부대표: 이은미 사회봉사부: 대표: 박종욱 문화부대표: 노성숙 재무부대표: 김은선 관리부대표: 유충렬 여선교회대표: 신금희

		남선교회대표: 김환동 청 · 장년선교회대표: 이영민 청년회대표: 김현주
2013		담임목사: 김성복 부담임목사: 김신애 장로: 김남수, 김정례 권사대표: 유충렬 재무부대표: 신금희 여선교회대표: 조미경 선교부대표: 가순미 관리부대표: 이영민 청 · 장년회대표: 정정열 교육부대표: 이은미 문화부대표: 송미연 사회봉사부대표: 박종욱 남선교회대표: 김환동 교회학교대표: 조유순 청년회대표: 보류

♣ 연도별 설교 본문 및 제목

월	일	제1본문	제2본문	복음서	설교 제목
1983 · 2	27	창 12:1-3			주님의 명령을 따라서
3	6	막 2:1-12			네 사람의 신앙
	13	마 10:5-6			잃은 양을 찾아서
	20	마 24:3-14			끝까지 참는 사람은
	27	눅 22:39-46			이 잔을 내게서 옮기시옵소서
4	3	눅 24:13-35			엠마오로 가는 길에서
	10	눅 20:17			버린 돌이 모퉁이의 머릿돌이 되었느니라
	17	눅 14:12-24			초대받지 않은 자들의 잔치
	24	삼하 12:13-15			죄를 죄로 인정하는 용기
5	1	눅 10:15-17			어린아이 같이 받아들이지 않으면…
	8	눅 15:11-32			돌아온 아들
	15	요 21:15-19			"내 양을 먹이라, 그리고 나를 따르라"
	22				
	29	마 3:1-2			세례요한의 후계자들
6	5	마 7:14-23			사람을 더럽히는 것들
	12	마 8:24-27			지금 우리가 해야 할 일은
	19	눅 22:31-34			인간-그는 어떤 존재인가?
	26	눅 22:31-34			인간-그는 어떤 존재인가?
7	3	삿 7:9015			보리떡은 슬피 웁니다.
	10	마 5:9			화평케 하는 자
	17	마 22:34-40			율법의 근본사상
	24	창 32:13-25			소유인가 삶인가
8	7				춤을 추어라
	14	출 3:7-10			해방의 진정한 의미
	21				'지극히 작은 자 하나' 사상
	28	창 1:26-27			최초의 인간이 지닌 하나님의 모습
9	4	마 6:7-13			하나님의 뜻이 이루어지이다.
	11	마 16:24-26			잃는 것과 얻는 것
	18	약 2:14-17			죽음으로 행한 믿음
	25	마 22:34-40			이웃을 네 몸 같이
10	2	전 3:1-8			때가 있나니
	9	약 1:2-8			저 들에 푸르른 솔잎을 보라
	16	요 18:1-11			삶과 죽음의 갈릴리에서
	23	마 15:29-31			말 못하는 아다다여!
	30	암 6:21-24			종교개혁의 징을 울려라
11	6	창 2:4-7			성령론 1
	13	막 1:35			바람직한 기도생활
	20	살전 5:16-18			감사하는 마음

월	일	제1본문	제2본문	복음서	설교 제목
	27	딤후 4:17-21			겨울 전에 너는 어서 오라
12	4				축복의 후견인
	11	창 1:26-28			하나님의 형상을 회복하는 힘
	18	고전 10:23-31			무엇을 위하여 살아왔나!
	25	눅 2:1-8			예수 오심의 참뜻
1984 1	1	마 20:26-28			섬기며 나누는 교회 1
	8	롬 15:1-7			섬기며 나누는 교회 2
	15	마 7:1-5			내 눈 속에 있는 들보
	22	마 26:47-52			폭력의 악순환을 끊는 일
	29	눅 10:38-42			위대한 선택
2	5	요 1:1-5			한국교회의 역사적 과제
	12	출 18:13-26			혼자로는 할 수 없다.
	19	롬 12:1-2			오직 믿음을 새롭게 하라
	25	마 5:5			마음이 온유한 자라야
3	4	사 2:1-4			3·1운동과 한국교회의 과제
	11	요 10:1-10			생명의 문 - 예수 그리스도
	18	눅 9:23-24			십자가 신앙
	25	요 12:24-25			한 알의 밀이 되어
4	1	출 3:6-8			민족의 고난을 되돌아보며
	8	롬 5:12-21			이 모든 죄 멸하소서
	15	막 14:32-42			겟세마네의 예수
	22	마 28:1-10			부활하신 예수를 만난 사람들
	29	롬 12:1-2			참된 예배
5	6	눅 2:39-52			부모와 자녀와의 바람직한 관계
	13	딛 2:1-8			행복한 가정
	20	잠 5:1-14			네 길을 그에게서 멀리하라
	27	요 4:21-24			신령한 자들아
6	3	마 6:5-8			너희는 기도할 때에
	10	갈 5:18-26			성령의 열매
	17	창 4:1-15			네가 무엇을 하였느냐!
	24	암 5:12-15			드고아에서 온 목자
7	1	요삼 1:1-4			사랑하는 자를 위한 기도
	8	마 7:31-37			"에바다" - 열리라
	15	신 26:10-11			함께 즐거워 할 지니라
	22	골 1:24-29			그리스도 안에서 완전한 자
	29	마 3:13-15			제자의 사명감
8	5	마 1:14-15			하나님 나라가 가까왔으니

월	일	제1본문	제2본문	복음서	설교 제목
	12	출 1:15-21			해방을 낳은 여인들
	19	마 6:30-52			기적의 참된 의미
	26	행 27:9-26			순풍과 광풍
9	2	삼하 12:1-15			당신이 그 사람이다.
	9	잠 17:1			마른 떡 한 조각만 있고도
	16	고전 3:6-16			그리스도의 마음
	23	시 126			기쁨으로 거두리로다
	30	창 15:1-11			약속을 믿고 산 사람
10	7	막 5:1-20			그 사람에게서 나오라
	14	눅 15:11-32			돌아온 탕자
	21	마 18:15-35			중심으로 형제를 용서하라
	28	마 24:323-28			종교개혁의 길
11	4	눅 13:1-9			회개에 합당한 열매
	11	롬 12:1-13			성도들의 의무
	18	시 107-1:22			감사하는 마음
	25	딤후 4:9-22			겨울 전에 너는 어서 오라
12	2	눅 1:67-80			기다리는 마음 1
	9	딤후 3:14-17			하나님 주신 기쁜 소식
	16	눅 1:46-56			기다리는 마음 2
	23	마 1:18-25			이루려 하심이라!
	30	히 12:1-3			예수를 바라보자

1985	월	일	제1본문	제2본문	복음서	설교 제목
	1	6	사60:1~3			어두움에 빛이 되는 교회
		13	사42:1~9			나의 택한 사람을 보라
		20	요1:43~51			보았다 하므로 믿느냐
		27	욘3:1~10			정말 더 잘 될까요?
	2	3	막1:21~28			예수의 소문
		10	욥7:1~7	고전9:16~23	막1:29~39	내가 이를 위하여 왔노라
		17	왕하2:1~11	고후3:12~18	막9:2~13	산에서 내려올때에
		24	창9:8~17	벧전3:18~22	막1:9~15	사십일간의 시험
	3	3	창22:1~18	롬8:31~39	막8:31~38	3.1절 정신과 교회의 사명
		10	출20:1~17	고전1:22~25		내 아버지의 집
		17	대하36:14~23	엡2:1~10	요3:14~21	진리를 쫓는 자
		24	애31:31~34	요12:20~33	히5:7~10	순종의 믿음
		31	막14:32~49	빌2:5~11	사50:4~9	고난의 종의 현대적 의미
	4	7	사25:6~8	고전15:19~28	눅24:13~35	목격자의 증언
		14	시148	요일5:1~8	요19:14~27	십자가 주변의 사람들
		21	요21:15~23			"내 양을 먹이라, 그리고 나를 따르라"

월	일	제1본문	제2본문	복음서	설교 제목
	28	사41:17~20			마른땅으로 샘의 근원되게 하소서
5	5	엡6:1~4			바람직한 부모와 자녀관계
	12	잠23:22~26			그리스도인의 가정
	19	요3:1~15			두 선생의 대화
	26	행2:1~13			오순절 사건
6	2	마15:21~28			가나안 여자의 믿음
	9	대하26:16~23			비참한 최후
	16	벧전4:12~19			고난의 유익
	23	스7:6~10			민족 재생의 길
	30	계3:14~22			당신은 어떤 신앙의 소유자입니까?
7	7	창28:10~22			하나님의 약속과 야곱의 서원
	14	마25:14~30			능력에 합당한 열매
	21	신24:10~22			법의 정신
	28	막10:17~22			어느 젊은이의 가치관
8	4	시50:7~15			환난날에 나를 부르라
	11	21:34~38			깨어있으라
	18	시114:1~8			하나님의 능력
	25	요15:1~8			포도나무 비유
9	1	마20:20~28			경건의 재발견
	8	행20:17~24			예루살렘으로 가는 길
	15	전7:11~14			지혜자의 삶
	22	롬13:11~14			빛의 갑옷을 입자
	29	사54:11~17			하나님의 위로
10	6	고후9:6~15			심은대로 거두리라
	13	계6:1~8			묵시록의 4기사
	20	골3:12~17			하나님 아버지께 감사하라
	27	마11:12			하나님은 누구 편인가?
11	3	눅12:49~53			화평과 분쟁
	10	엡2:1~10			은혜.믿음.구원
	17	고후3:1~15			감사절의 의미
	24	딤후4:9~22			겨울전에 너는 오라
12	1	막12:35~37			예수 그는 누구인가
	8				
	15	암5:7~13			하나님의 법과 인권
	22	눅2:8~20			아기예수와 마리아
	25	눅3:1~14			하나님의 구원하심을 보리라
	29	눅6:30~38			용서 받는 일년

월	일	제1본문	제2본문	복음서	설교 제목
1986 1	5	잠3:1~10			그가 네 앞길을 곧바로 열어주시리라
	12	빌3:12~14			목표를 향한 달음질
	19	딤후3:1~12			영성 훈련의 신앙 공동체
	26	레26:3~13			축복의 하나님
2	2	마4:18~22			사람 낚는 어부
	9	고후5:11~21			큰 소망을 이루는 새 봄
	16	고전15:3~9			바울의 한계와 마가의 진실
	23	눅6:20~26			힘내세요!
3	2	신6:20~26			우리는 옛적에 애굽의 노예였다
	9	마13:53~58			일하시는 하나님과 목사의 아들 예수
	16	마16:21~28			하나님의 일과 사람의 일
	23	막15:21~28			십자가 신앙
	30	요20:19~23			부활하신 주님이 부탁하신 일
4	6	막16:1~8			부활신앙의 핵심
	13	행2:43~47			은혜스러운 교회
	20	삼상18:1~9			민심과 여론
	27	히10:19~25			교회의 사명과 교인의 의무
5	4	엡6:1~4			복음의 빛에서 본 부모와 자녀의 관계
	11	엡5:22~33			"축복받은 가정, 행복한 부부"
	18	롬12:3~8			"하나님의 은혜, 성령의 은사"
	25				
6	1	갈6:13~26			평신도의 책임과 사명
	8	마16:5~12			바리새인의 누룩
	15	마11:28~30			무거운 짐과 가벼운 짐
	22	눅22:39~46			시험에 들지 않기를 기도하자
	29	시107:1~22			감사제를 드리며
7	6	마23:25~26			먼저 안을 깨끗이 하라
	13	마13:10~17			천국의 비밀
	20	신24:10~22			법의 정신과 인권 선교
	27	계3:14~22			"네가 열심을 내라, 회개하라"
8	3	마5:43~48			아버지의 온전하심과 같이 너희도 온전하라
	10				
	17	롬9:1~5			바울의 참말
	24	마25:31~46			지극히 작은자 하나에게
	31	마10:24~28			진정 두려워해야 할 존재
9	7	창2:20~25			결혼과 사랑의 여섯 고개
	14	엡2:14~16/4:3~4			화평케 하는 교회
	21	요3:16~2			영성훈련의 신앙교육

월	일	제1본문	제2본문	복음서	설교 제목
	28	시67:1~7			"민족의 뿌리, 믿음의 뿌리"
10	5	눅14:15~24			강권하여 내 집을 채우라
	12	요8:3~11			낙서를 하신 의미
	19	마22:15~22			가이사의 것과 하나님의 것
	26	벧후3:8~13			종교개혁과 새 질서
11	2	막9:14~29			기도 외에 다른 것으로는 할 수 없느니라
	9	고후5:11~19			새로운 피조물
	16	겔37:15~23			내 손에서 하나가 되리라
	23	레23:39~43			기독교와 절기
	30	딤후4:9~22			겨울 전에 너는 어서오라
12	7	눅1:46~56			예수 그리스도 오심과 인권
	14	사40:3~11			하나님 말씀은 영영히 서리라
	21	마2:1~12			헤롯왕과 이스라엘 목자
	25	눅2:22~39			이 땅에 평화있으리!
	28	약4:13~17			죄의 때를 다 씻어버리고
1987 1	4	요일4:7~21			오직 사람으로 새 출발하자
	11	고전3:18~4:2			맡은자의 사명감
	18	눅10:25~37			어떻게 사랑할 것인가?
	25	마23:27~36			회칠한 무덤들이여!
2	1	사53:4~10			예수 그리스도의 3대의식
	8	마5:3~10			누가 하나님 나라를 차지할 것인가?
	15	요21:18~23			죽음으로 하나님께 영광을
	22	창28:10~22			꿈을 간직한 신앙인들
3	1	합1:12~17			민족과 함께 하는 교회
	8	벧전5:6~9			싸워야 크느니라
	15	요1:43~49			이는 참 이스라엘 사람이라
	22	막2:19~22			상황과 선교전략
	29	마10:34~39			푸른 십자가를 세운 이유
4	5	미7:1~10			구원의 하나님을 바라보자
	12	눅22:47~65			예수께서 잡히시던 날 밤에
	19	요20:1~18			부호라하신 주님을 만납시다.
	26	렘5:20~31			내 마음이 이 같은 나라에 보수하지않겠느냐
5	1	잠3:1~10			축복받은 부모와 자녀가 되려면
	10	엡6:1~4			네 부모를 공경하라
	17	눅19:41~44			네가 오늘 평화에 관한 일을 알았다면
	24	롬1:8~17			의인은 믿음으로 말미암아 살리라
	31	시68:1~10			하나님께서 일어 나셨다.

월	일	제1본문	제2본문	복음서	설교 제목	
6	7	행2:1~2			"성령의 역사, 변화의 역사"	
	14					
	21	시137			어찌 여호와의 노래를 부를꼬	
	28	마10:34~42			평화의 사도	
7	5	눅13:31~35			오늘도 내일도 모레도 내가 갈길을 가야 하리라	
	12	레23:9~14			그리스도인의 감사	
	19	삿13:1~14			이 아이를 어떻게 기르오며 어떻게 행하오리이까	
	26	빌4:10~13			모든 것을 할 수 있느니라	
8	2	시143:1~10			진실과 의로 응답하소서	
	9	눅17:22~33			님께서 가신 그 길은	
	16	출32:1~10			너로 큰 나라가 되게 하리라	
	23	눅6:20~26			성서의 가난한 사람들	
	30	눅16:19~25			거지 나사로의 죽음이후	
9	6	요8:32			진리와 자유	
	13	롬14:1~12			나는 죽고 예수로 살자	
	20	창12:1~4			단군과 아브라함	
	27					
10	4	창17:1~19			이름과 언약과 할례	
	11	빌4:1~9			이와 같이 주 안에 서라	
	18	레19:1~18			거룩한 삶을 창조하자	
	25	합3:16~19			감사 신앙의 토착화	
11	1	마25:1~13			당신은 어떤 처녀입니까?	
	8	눅13:6~9			열매 맺는 신앙	
	15	마6:9~13			신앙생활의 3대좌표	
	22	수6:6~21			외치라 하는 날에 외칠지니라	
	29	마15:13~16			소금과 빛	
12	6	삼하20:1~17			요나단과 다윗	
	13	마2:1~12			베들레헴과 아기예수	
	20	눅2:1~20			말 구유에 오신 예수	
	25				성탄절 메시지	
	27	눅19:11~27			나는 몇 므나를 남겼나?	

1988	1	3	행 1:12-26			일백이십명을 허락하옵소서
		10	미 6:6-9			무엇을 가지고 하나님께 경배할까
		17	롬 8:28-39			하나님의 사랑 안에서
		24	딛 2:1-8			그리스도인의 가정
		31	창 29:1-20			야곱의 칠년 봉사
	2	7	막 13:21-27			거짓 그리스도들과 거짓 선지자들

월	일	제1본문	제2본문	복음서	설교 제목
	14	막 9:2-13			예수의 변형과 그 이후
	21	요 3:1-15			거듭나기를 원하는가?
	28	사 43:14-21			민족의 교회
3	6	삿 6:11-21			여호와 샬롬
	13	요 6:60-69			믿음의 선택
	20	히 5:1-10			속죄 제물이 된 예수
	27	막 11:1-11			호산나 가장 높은 곳에서 호산나
4	3	요 20:19-23			부활하신 저녁에
	10	마 28:1-20			부활 사건의 연속성
	17	마 11:15-19			축제의 회복
	24	롬 14:1-9			진정한 목적의 발견
5	1	시 37:3-31			우리 자녀들을 이렇게 키웁시다
	8	요 15:1-17			무엇을 하면 아버지께서 영광을 받으시리오?
	15	행 1:15-26			젊은이들이여 주님의 제자가 됩시다.
	22	눅 9:49-50			불교와 기독교의 대화
	29	마 16:13-20			위대한 신앙고백
6	5	롬 16:1-16			복음의 동역자
	12	눅 4:16-19			1995년을 은혜의 해로 선포한 이유
	19	마 6:25-34			하나님 나라의 삶의 법칙
	26	겔 37:15-23			한 나라를 이루게 하소서
7	3	막 6:30-34			잠깐 쉬었다 합시다
	10	살전 5:16-18			그리스도인과 감사
	17	시 6:1-10			내 기도를 받으시리로다
	24	눅 14:25-33			소유냐 존재냐
	31	출 2:23-25			들으시는 하나님
8	7	눅 6:20-26			새로운 인간으로 변화하기 위한 복음을
	14	슥 10:6-12			한 민족의 회복을 위하여
	21	요 6:60-71			우리가 뉘게로 가오리까
	28	미 4:3-7			통일을 향한 신앙
9	4	시 146:1-10	엡 4:13-16		"바르게 믿고, 바르게 알고, 충만에 이르자"
	11	사 32:15-18	엡 2:13-16		교회를 새롭게
	18	시 54:1-7	롬 5:7-21		죄인이 아닌 사람은 하나도 없나니
	25	시 137:1-6	롬 4:16-25		"믿음의 조상, 믿음의 고향"
10	2	시 128	요 10:11-16		아버지께서 나를 안다고 하실까?
	9	창 1:26-31	요 17:20-26		창조의 대역자
	16	사 53:4-12	계 3:14-22		차든지 더웁든지 분명히 합시다
	23	시 119:49-62	엡 1:11-16		밤중에 일어나 주께 감사하리이다
	30	미 3:5-12	마 5:10-12		진리의 항거

월	일	제1본문	제2본문	복음서	설교 제목
11	6	시 146:1-10	마 14:3-9		온당치 못한 책망
	13				
	20	시 93	마 1:21-28		나사렛 예수와 더러운 귀신의 최후
	27	시 27	요 1:1-14		이 땅에 빛으로 오시옵소서
12	4	시 126	엡 2:11-22		그리스도야말로 우리의 평화이십니다
	11	습 3:14-20	딤후 3:10-7		성서를 바르게 읽는 지혜
	18	미 5:1-4	눅 1:46-56		마리아의 노래가 주는 의미
	25	사 52:6-10	눅 2:8-20		큰 기쁨의 좋은 소식

월	일	제1본문	제2본문	복음서	설교 제목
1989 1	1	출 23:14-17	벧전 3:8-12		새해의 도전
	8	왕상 19:14-21	눅 3:3-17		나의 택한 사람을 보라
	15	신 30:9-14	눅 11:33-36		양심을 밝게 하면
	22	시편 15	요 8:31-36		진리와 자유의 희망공동체
	29	창 18:20-33	약 1:2-8		변혁시대를 사는 지혜
2	5	신 34:1-12	눅 9:28-36		먼저 자신의 주체성을 확립해야
	12	시 91	눅 12:9-21		주께서 고난을 받으신 이유
	19	사 40:27-31	에 4:21-32		새로운 출발을 위하여
	26	창 21:9-21	눅 7:36-50		어느 여인의 눈물
3	5	수 5:9-12	눅 15:1-13		삼일절과 한국감리교회
	12	사 43:16-21	갈 6:9-14		우리들이 자랑할 것
	19	시 31:1-16	눅 19:41-48		예루살렘의 비극과 예수
	26	출 15:15-11	눅 24:36-48		부활절 메시지
4	9	시 30	요 21:1-14		그물을 배 오른 편에 던져라
	16	민 27:12-23	빌 3:12-21		푯대를 향하여
	23	미 2:1-13	행 26:19-32		이 사람은 사형이나 결박을 당할 만한 행사가 없다
	30	시 64	요 14:25-31		나의 평안을 너희에게 주노라
5	7	삼상 12:19-24	행 16:25-40		너와 네 집이 구원을 얻으리라
	14	시 104:1-15	행 1:3-11		오직 성령이 너희에게 임하시면
	21	시편 8	마 10:34-30		그리스도의 교훈과 대동정신
	28	렘 7:1-15	눅 7:24-30		하나님의 뜻을 저버린 사람들
6	4	왕상 8:22-43	고전 12:12-21		평신도 운동의 올바른 실천
	11	왕상 17:17-24	계 21:1-8		"새 세상을 향하여, 예수와 함께"
	18	삼하 11:26-12:10	엡 3:14-21		올바른 성서연구 방법론
	25	출 3:1-10	요 12:20-26		구원을 위한 한 알의 밀알
7	2	출 23:14-17	엡 5:8-21		오늘의 위기와 그리스도인
	9	왕상 19:14-21	딤전 1:12-20		믿음과 착한 양심을 가지라
	16	신 30:9-14	눅 10:25-20		이웃사촌
	23	시 15	눅 10:38-42		마르다와 마리아

월	일	제1본문	제2본문	복음서	설교 제목
	30	창 18:20-33	골 2:6-15		소돔을 극복해야 할 교회
8	6	전 1:1-14	골 3:1-11		위엣 것을 찾으라
	13	시 33:16-22	마 7:1-5		형제와 화해하는 길
	20	잠 15:1-10	눅 12:54-57		이 시대를 알아보라
	27	사 66:18-23	히 12:5-13		아버지와 아들
9	3	전 3:17-22	엡 6:10-20		기독교인의 영성생활
	10	창 12:1-5	롬 15:1-7		하나되어 새롭게 하소서
	17	출 32:1-16	요 21:15-22		사랑이 있는 교육을
	24	신 8:1-10	골 2:1-7		시련 속에서도 감사를
10	1	암 6:1-7	마 26:26-30		예수와 밥상 공동체
	8	합 1:1-13	눅 17:5-10		해야 할 일을 한 것 뿐
	15	룻 1:1-18	막 2:1-12		죄를 사하는 권세
	22	출 17:8-16	눅 18:1-8		보청기가 필요한 재판관
	29	신 10:12-22	롬 1:16-17		종교개혁과 예수의 정신
11	5	출 34:5-9	눅 19:1-10		예수와 삭개오의 만남
	12	시 17	눅 19:11-17		충성된 종과 불충성된 종
	26	시 46	요 4:4-14		우리의 우물에서 생수를
12	3	시 122	마 20:1-16		성서를 어떻게 해석할까?
	10	시 72	마 25:31-46		지극히 작은 자 하나에게
	17	시 146:1-10	마 11:2-6		오실 그이가 당신이오니까
	24	사 7:10-17	눅 1:46-80		"어머니의 노래, 아버지의 노래"
	25	마 2:1-6			너는 결코 작지 않다
	31	전 3:1-15	행 13:21-30		그 달려 갈 길을 마칠 때에

1990	일	제1본문	제2본문	복음서	설교 제목
1	7	사 55:3~7	요 21:1~8		복되게 사는 길
	14	사 42:1~4	고전 3:5~9		참된 제자리
	21	사 9:1~4	고전 1:18~31	마 5:1~12	그리스도의 일치를 위하여
	28	미 6:1~8	마 5:1~12		주님이 가르쳐 주신 복
2	4	사 52:13~53:5	약 2:14~17	요10:11~18	한 무리가 되어 한 무리에게
	11	신 30:15~20	고전 2:6~13	마 5:20~30	먼저 의를 세우라
	18	레 19:9~18	고전 3:16~23	마 5:38~48	너희도 온전하라
	25	출 3:9~15	엡 6:10~17	마 5:13~20	너희는 세상에 빛이라
3	4	출 17:3~7	롬 5:1~11	요 4:5~42	정의 · 평화 · 창조의 보존
	11	창 2:21~3:7	롬 5:12~21	마 4:1~11	예수 그리스도와 시험
	18	창 12:1~9	롬 4:1~17	요 3:1~8	네가 거듭나야 하겠다
	25	삼상 16:1~13	엡 5:8~14	요 9:1~12	예수라 하는 그 사람이
4	1	욘 3:1~10	고후 5:17~21	마 28:16~20	주님의 3가지 명령
	8	사 50:4~9	빌 2:5~11	마 24:1~11	고난의 종

월	일	제1본문	제2본문	복음서	설교 제목
	15	출 14:10~14	골 3:1~11	마 28:1~10	부활의 참된 뜻
	22	창 9:8~16	벧전 1:3~9	요 20:19~31	이 곳에 샘터를 허락하신 까닭은
	29	사 43:1~12	벧전 1:17~23	눅 24:13~35	부활하신 주님과 두 사람
5	6	창 21:14~21	엡 6:1~4	마 18:1~6	어린이와 하늘나라
	13	잠 31:10~31	엡 5:25~6:4	마 19:1~6	그리스도 가정의 기본 원리
	20	사 52:7~12	롬 5:1~11	막 12:28~34	요한 웨슬레의 회심
	27	느 9:6~15	벧전 2:19~25	요 10:1~10	양의 문이 되신 목자 예수
6	3	출 6:1~8	고전 12:4~11	나 10:24~33	성령께서 주시는 선물
	10	창 1:1~2	고후 13:5~14	마 28:16~20	예수의 지상명령
	17	욜 2:28~32	행 2:14~21	요 20:19~23	성령을 부어 주소서
	24	렘 20:7~13	롬 5:12~33	마 10:16~33	평화와 통일을 위하여
7	1	왕하 4~8~16	롬 6:1~11	마 10:34~42	예수 그리스도와 함께
	8	출 23:14~16	살전 5:16~18	마 6:19~24	축복과 감사의 뜻
	15	사 5:1~5	롬 8:18~25	마 13:1~9	씨뿌리는 사람의 비유
	22	슥 9:9~13	롬 7:15~18	마 11:28~30	예수 그리스도의 초청
	29	사 44:6~8	롬 8:26~27	마 13:24~30	곡식과 가라지의 비유
8	5	느 9:16~20	롬 8:31~39	마 14:13~21	제자적 방식과 예수적 방식
	12	신 1:8~18	갈 5:13~15	요 8:31~36	너희가 참으로 자유 하리라
	19	사 56:1~8	롬 11:13~23	마 15:21~28	믿음으로 삽시다!
	26	사 22:15~23	롬 11:33~36	마 16:13~20	천국 열쇠
9	2	렘 15:15~21	롬 21:1~8	마 16:21~28	하나님의 일과 사람의 일
	9	겔 33:1~11	롬 12:9~13	마 18:15~20	교회의 본질과 연합운동
	16	신 5:28~33	고전 12:4~11	마 28:16~20	세 가지 분부
	30	겔 18:25~32	빌 2:1~13	마 21:28~32	누가 아비의 뜻대로 하였느뇨
10	7	출 12:21~2	고전 11:17~24	마 13:12~25	나를 기념하라
	14	사 25:1~10	빌 4:4~20	마 22:1~14	"청함, 응함, 그리고 택함"
	21	사 45:1~7	살전 1:1~5	마 22:15~2	하나님의 것은 하나님께 바치라
	28	느 8:1~5	갈 3:23~25	요 2:13~16	오늘의 종교개혁
11	4	말 2:4~10	살전 2:7~20	마 23:1~12	자기를 낮추는 예수 공동체
	11	암 5:18~24	살전 4:13~18	마 25:1~13	그런즉 깨어 있으라
	18	잠 31:10~31	살전 5:1~11	마 25:14	깨든지 자든지 예수와 함께
	25	심 8:7~!0	고후 9:6~12	눅 4:16~21	가난한 자에게 복음을
12	2	사 30:15~18	엡 2:1~10	마 8:5~13	네 믿음대로 될찌어다
	9	신 30:8~20	롬 5:4~13	요 1:1~5	"하나님의 생명, 함께 나누자"
	16	사 11:1~10	롬 15:4~13	마 3:1~12	성서의 의인-세례 요한
	23	사 7:10~17	롬 1:1~7	마 1:18~25	하나님이 우리와 함께 하시다
	25	사 9:1~7	딛 2:11~15	눅 2:1~20	큰 기쁨의 좋은 소식

월	일	제1본문	제2본문	복음서	설교 제목
1991 1	6	사 60:1~6	엡 3:1~12	마 4:1~11	승리하는 새해를 위하여
	13	욘 3:1~10	딤전 1:18~20	마 20:1~16	주인의 약속과 품군의 원망
	20	사 9:1~4	고전 1:1~9	요 1:29~34	하나님의 어린 양 예수
	27				
2	17	창 2:4~9	롬5:12~19	마 4:1~11	생명과 죽음의 갈림길에서
	24				
3	3				
	10	삼상 16:1~13	엡 5:8~14	요 9:1~13	죄의 근원과 죄로부터의 해방
	17	겔 37:1~14	롬 8:6~11	요 11:38~45	네가 믿기만 하면
	24	사 50:4~9	빌 2:5~11	마 27:11~16	예수살렘 입성과 예수의 고난
	31				
4	7	시 16:5~11	벧전 1:3~9	요 20:19~31	선교에 앞장선 교회
	14	시 116:12~19	벧전 1:17~23	눅 24:13~35	부활과 4·19정신과 교회
	21	시 23편	벧전 2:19~25	요 10:1~10	예수의 교회 민족의 교회
	28	시 31:1	벧전 2:2~10	요 14:1~14	내가 곧 길이요 생명이니
5	5	잠언 3:1~8	엡 6:1~3	마 18:1~6	가정의 평화 사회의 평화
	12	잠 23:22~25	골 3:18~24	마 12:46~50	나사렛 예수의 가족관
	19	사 45:18~25	벧전 1:17~23	막 12:28~34	"성령이여,한반도에임하옵소서 "
	26	욜 2:28~29	행 2:1~21	요 20:19~23	자유와 빛을 주시옵소서
6	2	출 6:1~8	고전 12:12~27	요 15:1~7	너희가 내 안에 거하고 내 말이 너희안에 거하면
	9	창 25:19~34	롬 5:6~11	마 9:35~10	추수한 일군들을 보내 주소서
	16	창 28:10~27	롬 5:12~19	마 10:24~33	사람 앞에서 예수를 시인하면
	23	렘 20:7~13	롬 6:12~14	마 10:16~23	지혜롭고 순결하라
	30	출 23:14~19	살전 5:16~18	눅 12:13~21	생명의 길로 나아가자
7	7	창 32:22~32	롬 6:3~11	마 10:34~42	상을 받은 사람들
	14	시 124편	롬 7:14~25	마 11:25~30	아버지의 뜻
	21	출 2:11~22	롬 8:9~17	마 13:1~9 18~23	씨뿌리는 비유를 들으라
	28	출 3:1~12	롬 8:18~25	마 13:24~30 36~43	
8	4	출 14:19~31	롬 9:1~5	마 14:22~33	믿음이 작은자여 왜 의심하느냐?
	11	미 4:2~5	갈 5:13~15		남북평화통일주일 공동예배
	18	신 1:8~18	갈 5:13~15	요 8:31~36	죄의 종과 자유인
	25	출 17:1~7	롬 11:33~36	마 16:13~20	
9	1	미 4:1~5	엡 4:1~6	마 26:26~28	종교의 의미와 상징
	8	출 19:16~24	롬 13:1~10	마 18:15~20	예수 이름으로 모인 곳
	15	렘 33:3	고전 14:18~19	마 5:17~20	기도해야 할 이유
	22	출 32:1~14	빌 1:21~27	마 20:1~16	천국의 비밀
	29	출 33:12~23	빌 2:1~11	마 21:28~32	누가 먼저 하나님 나라에 들어가냐
10	6	사 51:7~8	고전 11:23~29	마 26:26~29	성찬에 임하는 바른 자세

월	일	제1본문	제2본문	복음서	설교 제목
	13	민 27:12~23	빌 3:12~21	마 21:33~43	열매맺는 백성
	20	엠 31:31~34	롬 3:19~28	요 8:31~32	예수의 말씀에 거합시다.
	27	신 33:1~12	빌 4:1~9	마 22:1~14	루터의 종교개혁
11	3	룻 1:1~10	살전 1:1~10	마 22:15~22	인간의 술수와 예수의 지혜
	10	룻 2:1~13	살전 2:1~8	마 22:34~46	온 율법과 선지자의 강령
	17	출 22:29~30	고후 9:1~8	눅 16:1~13	섬기는 삶
	24	암 5:16~24	살전 4:13~18	마 25:1~13	깨어 있으라
12	1	사 2:1~5	롬 13:11~14	마 24:36~44	다시 오시는 예수
	8	사 39:9~11	딤후 33:12~17	요 5:35~39	성서를 올바르게 보는 법
	15	사 11:1~10	롬 15:4~13	마 3:1~12	너희는 주의 길을 예비하라
	22	사 7:10~17	롬 1:1~7	마 1:18~25	저희 죄에서 구원할 자
	25	사 9:2~7	딛 2:1~20	눅 2:1~20	성탄절 메시지
	29	사 63:7~9	히 2:10~18	마 2:13~15	1991년을 보내며
1992 1	5	사 60:1~6	엡 3:1~12	마 2:1~12	모든 것을 새롭게
	12	사 61:1~4	행 8:14~11	눅 3:15~17	성령! 성령! 성령!
	19	사 62:1~5	고전 12:1~11	요 2:1~11	예수 어머니와 예수
	26	느 8:1~6	고전12:12~30	눅 4:21~30	희년을 준비하자
2	2	렘 1:4~10	고전 13:1~13	눅 4:21 · 30	고향에서 생긴 일
	9	사 6:1~8	고전 15:1~11	눅 5:1~11	제자의 길
	16	렘 17:5~10	고전 15:12~20	눅 6:17~26	평지설교의 참 뜻
	23	창 45:3~11	고전 15:35~38	눅:6:17~26	사랑이 뭐길래
3	1	시 92:1~4	고전 15:51~58	눅 6:39~49	3 · 1 정신과 민족교회
	8	신 26:1~11	롬 10:8~13	눅 4:1~13	마귀의 시험을 이기자
	15	창 15:1~12	빌 3.17~4:1	눅 13:31~35	예루살렘아 예루살렘아
	22	출 3:1~15	고전 10:1~13	눅 13:1~9	너희도 만일 회개치 아니하면
	29	수 5:9~12	고후 5:16~21	눅 15:1~10	하나에 대하여 관심을 갖자
4	5	사 43:16~21	빌 3:8~14	요 12:1~8	향유를 부은 마리아
	12	사 50:5~9	빌 2:5~11	눅 19:28~40	평화의 왕으로 입성하시는 예수
	19	사 65:17~25	요 20:1~18	눅 24:1~12	집례자
	26	행 5:12~16	계 1:4~8	요 20:19~31	"나의 주, 나의 하나님이여"
5	3	행 9:1~20	계 5:11~14	요 21:1~19	그리스도의 사랑으로 어린이를 양육하자
	10	행 13:43~52	계 7:9~17	요 10:22~30	나와 아버지는 하나이니라
	17	행 14:19~28	계 21:1~5	요 10:31~35	복음화된 가정을 위하여
	24	행 15:22~29	계 21:22~27	요 14:23~29	세계는 나의 교구다
	31	행 7:55~60	계 22:12~20	요 17:20~26	그리스도의 중보기도
6	7	창 11:1~9	행 2:1~21	요 15:26~27	그리스도의 중보기도
	14	창 8:22~31	롬 5:1~11	요 16:12~15	삼위일체 하나님의 신비

월	일	제1본문	제2본문	복음서	설교 제목
	21	왕상 8:38~43	갈 1:1~10	눅 7:1~10	믿음으로 산 사람들
	28	왕상 17:17~24	갈 1:11~24	눅 7:11~17	청년아일어나라
7	5	왕상 19:1~8	갈 2:15~21	눅 7:36~8:3	네 믿음의 너를 구원하였으니
	12	왕상 9:13~8	갈 3:23~29	눅 9:18~24	아무든지나를따라오려거든
	19	왕상 19:19~21	갈 5:13~18	눅 9:51~62	나를 좇으라
	26	왕상 21:25~26	갈 65:7~18	눅 10:1~16	회개시다
8	2	왕하 2:1~ 24	골 1:1~14	눅 16:1~9	억압된 타자를 찾아서
	9	레 25:8~19	앱 2:14~18	눅 10:25~37	"민족의 수난과 희년, 그리고 복음"
	16	왕하 5:1~15	골 2:6~15	눅 11:1~13	어떡해 기도할 것인가
	23	왕하 13:14~20	골 3:1~11	눅 12:13~21	삼가 모든 탐심을 물리치자
	30	렘 18:1~11	히 1:1~3	눅 12:32~40	너희도예배하고있으라
9	6	렘 22:1~9	히 2:14~17	눅 12:54~59	어찌하여 옳은 것을 스스로 판단치 아니 하느냐
	13	렘 28:1~9	히 2:18~29	눅 12:22~30	하나님나라 잔치에 참여하는길
	20	겔 18:1~9	히 13:1~8	눅 14:7~14	복(福)이 되게 하는 교육을 위하여
	27	겔 33:1~11	몬 1:8~14	눅 14:15~33	한민족과 감사절의 참된뜻
10	4	호 5:15~6:6	딤전 1:12~17	눅 15:1~10	잃은 양 하나
	11	호 11:1~11	딤전 2:1~7	눅 16:1~13	하나님이냐 물질이냐
	18	욜 2:23~ 30	딤전 6:6~19	눅 16:19~31	부자와 나사로의 비교
	25	암 5:6~15	딤후 1:1~14	눅 17:5~10	명령받은것을행한후에
11	1	미 2:1~10	딤후 2:8~15	눅 17:11~19	그아홉은 어디 있느냐
	8	합 1:1~3	딤후 3;14~4:5	눅 18:1~8	어느 과부의 기도
	15	스 3:1~9	딤후 4:6~8	눅 19:1~10	오늘 구원이 이 집에 이르렀도다!
	22	학 2:1~9	살후 1:5~12	눅 20:27~40	산 자의 하나님
	29	사2:1~5	롬 13:11~14	마 24:36~44	깨어 있으라
12	6	사 11:1~10	롬 15:4~13	마 3:1~12	주의 길을 예비하라
	13	사 35:1~10	약 35:1~10	마 11:2~11	세례요한과 예수
	20	사 7:10~16	롬 1:1~7	마 1:18~25	자기 백성을 구원할 자
	25	사 9:2~46~7	딛 2:11~14	눅 2:1~10	성탄절 메세지
	27	사 63:7~9	히 2:10~18		나사렛 사람

월	일	제1본문	제2본문	복음서	설교 제목
1993 1	3	사 60:1~6	엡 3:1~12	마 3:1~12	큰 복이 임하는 새해 되게 하소서!
	12	사 49:1~7	고전 1:1~9	요 1:29~34	하느님의 어린양/ 하나님의 아들
	17	사 9:1~8	고전 1:10~17	마 4:12~23	사람을 낚는 어부
	24	사 42:1~9	행 10:34~43	마 3:13~17	"내 사랑하는 아들, 내 기뻐하는자"
	31	서 52:7~10	갈 5:13~15	마 1:16	"조국을 위하여, 겨레를 위하여"
2	7	창 12:1~8	롬 4:1~5	요 3:1~17	오직 믿음으로!
	14	신 30:15~20	고전 3:19	마 5:17~26	천국에서 큰 일꾼
	21	사 49:8~13		마 5:27~37	문제는 마음에 있다

월	일	제1본문	제2본문	복음서	설교 제목
	28	사 52:7~10	갈 5:13~15	마 1:16	"조국을 위하여, 거레를 위하여"
3	7	창 12:1~8	롬 4:1~5	요 3:1~17	오직 믿음으로!
	14	풀 17:3~7	롬 5:1~1~11	요 4:3~14	죄에서 구원으로!
	21	삼상 16:1~13	엡 5:8~14	요 9:1~ 12	하나님이 하시는 일
	28	겔 37:1~14	롬 8:6~11	요 11:17~45	다시 살리는 역사 (役事)
4	4	사 50:4~9	빌 2:5~11	마 27:32~44	구레네 사람 시몬
	11	행 10:34~43	굴 3:1~4	요 20:1~8	부활의 중인들
	18	행 2:1~14	벧전 1:3~9	요 20:19~31	'작은자들의 교회' 를 위하여
	25	사 2:22~32	벧전 1:17~23	요 21:1~14	포기하지 맙시다
5	2	잠 29:17~25	벧전 2:1~3	눅 18:15~17	자녀의 신앙교육
	9	잠 31:10~31	엑 5:25~6:4	마 19:1~15	그리스도인의 가정
	16	행 17:22~31	벧전 3:13~22	요 14:15~21	사랑과 계명
	23	사 52:1~12	롬 5:1~11	막 12;28~34	나 '자신' 에서 부터
	30	사 44:1~8	행 2:1~21	요 20:19~23	성령을 받으라
6	6	신 4:32~40	고후 13:5~14	마 28:16~20	
	13	창 22:1~18	롬 4:13~18	마 99~13	환경 · 여성 · 생명
	20	창 25:19~34	롬 5:6~11	마 9:35~10:8	추수할 일꾼들
	27	출 23:14~19	살전 5:16~18	마 7:19~24	맥추절과 농민선교
7	4	창 28:10~17	롬 5:12~19	약 4:13~17	종말적인 삶
	11	사 26:1~7	롬 8:28~30	요 9:1~12	우리를 부르시는 하나님
	18	출 2:11~22	롬 8:9~17	마 13:1~9	수용과 거부의 사이에서
	25	출 3:1~12	롬 8:26~30	마 13:43~52	두 남자의 선택
8	1	출 3:132~20	롬 8:26~30	마 13:44~52	깨달았느냐
	8	출 12:1~14	고전 2:1~16	마 15:21~28	사도 바울의 권고
	15	미 4:1~5	계 14:6~7	마 5:21~26	가서 화해하라
	22	출 16:2~15	롬 11:13~16~29~32	마 16:13~20	가나안 여자와 유대인 예수
	29	출 17:1~9	롬 11:33~36	마 16:13~20	반석을 치라
9	5	출 19:16~24	롬 13:1~10	마 18:15~20	땅과 하늘 사이에서
	12	사 45:22~23	엡 4:1~6	눅 9:51~56	"한 교회, 한 민족"
	19	신 6:4~9	고후 3:15~17	눅 2:40~52	사랑이 있는 교육을 위하여
	26	출 32:1~14	빌 1:21~27	마 20:1~16	약 속
10	3	욥 1:6~12	롬 5:1~11~27	눅 22:7~20	유월절 희생양과 성찬의 의미
	10	민 27:12~23	빌 3:12~21	마 21:33~43	열매 맺는 백성
	17	신 34:1~12	빌4:1~9	마22:1~14	청함받은 자와 택함입은 자
	24	룻 1:1~19a	살전 1:1~10	눅 3:16~21	격변시대의감사절
	31	애 31:31~34	롬 3:19~28	요 8:31~36	개혁의 3대요소
11	7	룻 4:7~17		마 23:1~12	체험
	14	임 5:16~24	살전 4:13~18	마 25:1~13	마음(心)의 깨달음이 중요하다

월	일	제1본문	제2본문	복음서	설교 제목
	21	신 8:1~10	고후 9:6~12	눅 4:16~21	대 속 제 물
	28	사 2:1~5	롬 13:11~4	마 24:36~44	주님 오시옵소서
12	5	수 6:1~21	행 10:1!8	눅 4:16~21	"승리의 나팔, 승리의 믿음"
	12	사 35:1~10	약 5:7~10	마 11:2~11	성서 - 새로운 힘의 원천
	19	사 7:10~16	롬 1:1~17	마 1:18~25	사람을 보고 진리를 믿는다
	26	사 63:7~9	갈 4:4~7		주님 감사합니다

월	일	제1본문	제2본문	복음서	설교 제목
1	2	사 42:1~9	행 10:34~43	막 1:4~11	"새 사람, 새 일"
	9	사 60:1~6	엡 3:1~12	마 2:1~12	"일어나라, 빛을 발하라!"
	16	삼 3:9~10	고전 6:12~20	요 1:35~42	지도자의 길
	23	욘 3:1~5	고전 7:29~31	막 1:14~20	하나님의 복음과 전도자들
	30	신 18:15~20	고전 8:1~13	막 1:21~18	권세있는 새 교훈
2	6	신 34:1~12	고전 9:16~23	눅 9:28~36	베드로의 유혹
	13	왕하 5:1~14	고전 9:24~27	막 1:40~45	경주하는 인생
	20	창 9:8~17	벧전 3:18~22	막 1:9~15	회개하고 복음을 믿으라
	27	출 3:1~15	롬 4:16~25	막 8:31~38	3.1운동과 자주정신
3	6	출 20:1.17	고전 1:22~25	요 2:13~22	우리식대로 믿고 우리식대로 살자
	13	대하 36:14~23	엡 2:4~10	요 3:16~21	"빛이냐, 어둠이냐!"
	20	렘 31:31~34	히 5:7~10	요 12:20~23	구원의 뿌리
	27	신 32:26~39	빌 2:5~11	막 11:1~11	예루살렘 입성이후
4	3	사 25:6~9	고전 15:1~11	요 20:1~18	오직 하나님의 은혜로다
	10	단 2:1~29	롬 6:8~11	마 28:18~20	원초적 신앙
	17	욥 42:1~6	요일 1:1~2:2	막 3:1~6	교회는 하나님 나라의 전진기지
	24	사 42:1~9	요일 3:1~7	눅 24:44~49	희망의 실험
5	1	창 21:14~21	요일 3:18~24	마 18:1~6	어린이에게 무엇을 줄 것인가
	8	잠 31:10~31	엡 6:1~4	요 15:1~8	부모를 공경하라
	15	행 10:44~48	요일 5:1~6	요 15:9~17	"5월, 그날이 다시 오면"
	22	행 1:15~26	요일 5:9~13	요 17:16~19	성령의 사람
	29	사 6:1~8	롬 5:1~5	요 3:1~5	예수를 영접하면
6	5		갈 6:1~18	막 3:20~35	기도의 힘
	12	창 1:26~31	막 4:26~34	마 16:24~25	성숙된 믿음
	19	창 1:26~31	막 4:26~34	마 16:24~25	자기부정의 신앙
	26	삼하 6:1~15	막 5:21~43	시 122:1~9	판단의 보좌
7	3	애 3:22~23	고후 8:1~9	막 5:25~34	네 믿음이 나를 구원하였으니
	10	창 32:22~32	롬 6:3~11	막 6:7~13	전도자의 길
	17	삼하 11:1~1	엡 5:15~20	막 6:30~34	한적한 곳에서 잠깐 쉬어라
	24	삼하 12:1~14	엡 3:14~21	요 6:1~15	다시 혼자 산으로 떠나 가시니라
	31	삼하 12:15~24	엡 4:1~6	요 6:22~35	생명의 떡

월	일	제1본문	제2본문	복음서	설교 제목
8	7				
	14	미 4:1~5	엡 2:13~18	눅 4:16~21	하나되게 하옵소서
	21	삼하 23:1~7	엡 5:21~33	마 26:69~75	베드로의 눈물
	28	왕하 2:1~4	엡 6:10~20	마 7:1~8	하나님의 계명과 사람의 유전
9	4	잠 2:1~8	약 1:17~27	마 7:31~37	에바다-열리다
	11	신 32:1~4	엡 2:20~22	눅 14:1~11	차라리 말석에 앉으라
	18	욥 28:20~28	약 3:13~18	마 9:30~37	예수 그리스도를 본받아
	25	욥 42:1~6	약 4:13~17	마 9:38~50	다섯 가지 주제의 말씀
10	2	출 12:21~28	고전 11:17~34	마 26:26~28	"나의 몸, 나의 피"
	9	신 34:1~12	빌 4:1~3	마 22:1~14	"초청 받은 자, 택함 받은 자"
	16	사 53:7~12	딤후 1:1~14	막 10:35~45	"섬김의 윤리, 내어줌의 윤리"
	23	출 17:8~13	히 5:1~6	막 10:46~52	너에게 무엇을 하여 주기를 원하느냐
	30	신 6:1~9	갈 3:23~26	막 12:28~34	어떤 제물보다 나은 것
11	6	왕상 17:8~16	히 9:24~28	막 12:38~44	참된 신앙생활
	13	단 7:9~14	히 10:11~18	막 13:24~37	깨어 있으라
	20	욜 2:21~27	딤전 2:1~7	마 25:14~30	왕이신 그리스도
	27	렘 33:14~16	살전 3:9~13	눅 21:25~36	바울의 영성
12	4	말 3:1~4	빌 1:3~11	눅 3:1~6	세례 요한
	11	신 30:8~20	빌 4:4~9	눅 4:16~21	성경은 우리의 빛
	18	미 5:2~52	히 10:5~10	눅 1:39~55	메시야가 임하실 징조
	25	사 9:2~7	딛 2:11~14	눅 2:1~14	예수를 영접한 사람들

1995	월	일	제1본문	제2본문	복음서	설교 제목
	1	1	사 42:1~9	갈 3:23~25	요 11:1~18	희망찬 새해가 되게 하옵소서
		8	사 42:1~9	엡 3:1~12	눅 3:15~22	좋은 소식 전하는 이와 악을 행하는 이
		15	사 62:1~5	고전 12:1~11	요 2:1~12	가나의 혼인 잔치
		22	느 8:1~12	고전 12:12~26	눅 4:14~21	"새로운 교회, 올바른 교회"
		29		고전 13:1~13	눅 4:21~32	제일 좋은 길
	2	5	신 34:1~12	고후 4:3~6	눅 9:28~36	본이 되는 삶
		12	렘 17:5~11	고전 15:12~20	마 20:25~28	섬김의 삶
		19	창 45:3~11	고전 15:35~38	눅 6:27~38	하나님 아들이 되는 길
		26	출 3:1~15	고전 10:1~11	눅 13:1~9	"하나님 사랑, 나라 사랑"
	3	5	신 26:1~11	롬 10:8~13	눅 4:1~13	희망의 실험
		12	창 15:1~12	빌 3:17~4:1	눅 13:31~35	예루살렘과 예루살렘 밖
		19	출 3:1~15	고전 10:1~13	눅 13:1~9	시험을 이기라
		26	수 5:9~12	고후 5:16~21	눅 15:11~32	아버지와 아들
	4	2	사 43:16~21	빌 3:8~14	요 12:1~8	"퍼지는 향기, 마리아"
		9	사 50:4~9	빌 2:5~11	눅22:14~23~56	"봉사의 자세, 섬기는 종"
		16	사 65:17~25	행 10:1~13	요 20:1~18	"부활의 아침, 희년으로 밝히라"

월	일	제1본문	제2본문	복음서	설교 제목
	23	단 12:1~3	롬 6:8~11	눅 24:13~49	하나님의 형상 하나님의 백성
	30	렘 32:36~41	행 5:27~32	요 20:19~31	하나님께로 돌아가자
5	7	잠 29:17~25	엡 6:1~4	요 10:22~30	화목한 가정
	14	잠 31:10~31	엡 5:25~33	요 13:31~35	성숙한 가정
	21	사 52:1~2	롬 5:1~11	요 14:8~17	5·18과 회심
	28	잠 28:9~14	엡 6:10~20	마 26:36~46	기도의 용사를 주옵소서!
6	4	창 11:1~9	행 2:1~21	요 3:1~17	"성령이여, 오소서!"
	11	잠 8:22~31	롬 8:18~25	요 16:12~15	창조와 파괴의 갈림길에서
	21		갈 1:1~10	눅 7:1~10	순종하는 믿음
	28	왕상17:17~24	갈 1:11~24	눅 7:11~17	사랑 살리는 이야기
7	2	출 23:14~19	살전 5:16~18	마 7:19~24	그럼에도 불구하고 감사합니다
	9	왕상 19:1~8		눅 9:51~62	"엘리야의 문제, 목회자의 문제"
	16	사 26:1~7	빌 4:2~7	요 9:1~22	죄와 구원
	23		갈 6:7~18	막 1:9~15	예수 가르침의 중심 메세지
	30		골 1:1~4	눅 10:25~37	강도 만난 사람의 이웃은 누구입니까?
8	6	왕하 4:8~17	골 1:21~29	눅 10:38~42	마르다와 마리아
	13	레 25:6~29	렘 2:13~18	눅 11:1~13	희년을 거룩하게 하라
	20	왕하13:14~20	골 3:1~21	눅 12:13~21	"재물이냐, 생명이냐"
	27	렘 18:1~11		눅 12:32~40	승리하는 인생을 위하여
9	3	렘 20:7~31		눅 12:49~56	어찌 이 시대는 분변치 못하느냐
	10	사 45:22~23	엡 4:1~6	눅 13:22~30	형제가 연합하여 동거함
	17	신 6:4~9	딤후 3:14~17	마 28:19~20	가르쳐 지키게 하라
	24	겔 33:1~11	몬 1:12	눅 14:25~33	그리스도인의 용서와 사랑
10	1	욥 1:6~12	롬 5:1~11	막 10:2~16	하나님과 화평을 나누자
	8	호 11:1~11	딤전 2:1~7	눅 16:1~13	무엇을 사랑하며 살 것인가?
	15	욜 2:23~30	딤전6:6~19	눅 16:19~31	큰 구렁 이편과 저편
	22		딤후 2:8~15	눅 17:11~19	"그저, 감사할 따름입니다"
	29		갈 2:23~26	눅 20:27~38	종교개혁과 사회개혁
11	5		딤후 3:14~4:5	눅 18:1~8	의인의 기도
	12	습 3:1~8		눅 18:9~14	여호와여 일어나소서
	19	신 8:7~18	고후 19:1~10	눅 19:1~10	잃은것과 찾은 것
	26	출 34:5~9	살후 1:1~7	눅 20:27~38	왕이신 그리스도의 날
12	3	사 2:1~5	롬 13:11~14	마 2:36~44	방주를 만드는 노아
	10	사 11:1~10	롬 15:4~13	마 3:1~12	"희망의 책, 희망의 말씀"
	17	사 35:1~10	약 5:7~10	마 11:2~11	주님을 기다리는 신앙
	24	사 7:10~16	롬 1:1~7	마 1:18~25	임마누엘
	25	사 9:2~7	딛 2:11~15	눅 2:1~14	성탄절 메세지
	31		계 21:1~6	눅 9:57~62	임마누엘

월	일	제1본문	제2본문	복음서	설교 제목
1996 1	7	사 42:1~9	행 10:34~43	마 3:13~17	새 일을 시작하려면
	14	사 49:1~7	고전 1:1~9	요 1:29~34	소명의식으로 충성하자
	21	사 9:1~4	고전 1:10~17	마 4:12~25	같은 마음과 같은 뜻으로
	28	미 6:1~8	고전 1:18~31	마 5:1~12	더 원하시는 것
2	4	룻 2:10~20	빌 4:10~13	요 10:14~18	사랑의 선물을 보내자
	11	신 30:15~20	고전 3:1~9	마 5:17~26	생명의 길
	18	사 49:8~13	고전 3:10~23	마 5:27~37	하나님만 바라라
	25	사 52:7~10	갈 5:13~15	마 5:1~16	감사와 찬송 드리세
3	3	창 12:1~7		요 3:1~8	복된 믿음
	10	창 17:3~7	롬 5:1~11	요 4:6~26	위기를 선용하라
	17	삼상 16:1~13	엡 5:8~14	요 9:35~14	하나님이 쓰시는 사람
	24	겔 37:1~14	롬 8:6~121	요 11:17~44	나사로야 나오라
	31	사 50:4~9	빌 2:1~11	요 12:12~18	"나사렛 예수, 예루살렘에 입성하다"
4	7	행 10:34~43	골 3:1~4	요 20:1~18	구주 예수 부활하셨다
	14	행 2:22~32	벧전 1:3~9	요 20:19~31	부활증인 공동체
	21	욥 42:1~6	요일 1:1~2:2	막 3:1~6	4 · 19와 기독교
	28	행 12:42~47	벧전 2:19~25	요 10:1~10	샘터 공동체
5	5	창 2:14~21	요일 3:18~24	마 18:1~6	어린이와 어른
	12	잠 31:10~31	엡 6:1~4	요 15:1~8	그리스도인의 가정
	19	사 55:6~13	요일 1:5~10	마 12:22~37	그 실과로 나무를 아느니라
	26	사 44:1~8	행 2:1~21	요 20:19~23	성령강림의 신비
6	2	왕상 8:22~30	골 1:15~17	막 4:26~34	삼위일체 하나님과 하나님 나라
	9	창 1:24~31	고후 5:18~19	막 13:24~33	보시기에심히좋았더라
	16	삼상 3:26	롬 5:6~11	눅 2:40~52	더 사랑스러워 가거라
	23	창 28:10~17	롬 5:12~19	마 10:24~33	
	30	창 32:22~32	롬 6:3~11	창 3:12~21	고통의 의미
7	7	출 2314:19	살전 5:16~18	마 5:1~3	"행복하여라, 심령이 가난한 자여!"
	14	창 32:22~32	롬 6:3~11	마 5:4	누가 위로를 받을 수 있는가
	21	출 3:1~12	롬 8:18~25	마 5:5	온유한 자는 복이 있나니
	18	출 3:13~14	롬 8:26~30	마 5:13~16	너희는 세상의 소금이며 빛이다.
8	4	출 12:1~14	롬 8:31~39	마 6:19~34	보물을 하늘에 쌓아두라
	11	사 9:1~7	빌 4:1~9	마 7:24~29	이적을 경험하며 살자
	18	출 16:2~15		마 15:21~28	어느 여인의 믿음
	25	출 17:1~7	롬 33~36	마 16:13~20	생수를 퍼 드립니다
9	1	출 19:1~19	롬 5:12~21	마 16:21~28	모든 사람들은 왕이다
	8	출 12:1~14	고전12:12~36	마 18:15~20	교회란 무엇인가?
	15	욥 28:20~28	약 3:13~18	마 9:30~37	고통의 참된 의미
	22	출 32:1~14	빌 1:21~27	마 20:1~16	포도원이야기

월	일	제1본문	제2본문	복음서	설교 제목
	29	출 33:12~23	빌 2:1~13	마 21:28~32	순종과 불순종 사이에서
10	6	출 24:4~11	롬 8:1~11	마 26:26~29	나를 기념하라
	13	룻 1:1~19a	살전 1:1~10	마 22:15~22	하나님의 것은 하나님께 바치라
	20	룻 1:1~19a	살전 1:1~10	마 22:15~22	하나님의 것은 하나님께 바치라
	27	사 61:10~11	고후 9:6~15	눅 12:22~30	감사함으로 그 문에 들어가라
11	3	룻 4:7~17	딤후 4:19~22	눅 10:1~12	겨울 전에 너는 어서오라
	10	암 5:16~24	살전 4:13~18	마 25:31~46	양의 무리와 염소의 무리
	17	창 27:18~29	갈 4:1~7	눅 15:11~32	아버지
	24	애 26:1~6	살전 3:7~13	마 24:1~14	누가 구원을 얻을까요?
12	1	사 2:1~5	롬 13:11~14	마 24:36~44	승리하는 군사
	8	사 40:1~11	벧후 3:8~15a	마 1:1~8	생명의 복음
	15		살전 5:16~24		광야에서 외치는 자의 소리
	22	삼하 7:1~16	롬 16:25~27	눅 1:26~38	말씀의 능력으로 인한 사건
	25	사 52:7~10	히 1:1~4	눅 2:1~20	
	29	수 24:14~28	빌 3:10~14	눅 16:1~13	또 하나의 새로운 출발을 위하여

월	일	제1본문	제2본문	복음서	설교 제목
1997 1	5	사 60:1~6	엡 3:1~12	마 11:25~30	기본에서 출발하자
	12	창 1:1~5	행 19:1~7	마 1:4~11	세례와 성령
	19	삼상 3:1~10	벧전 6:12~20	요 1:35~51	너희는 무엇을 구하느냐
	26		고전 7:29~35	막 1:14~20	회개하고 복음을 믿으라
2	2	신 18:15~22	고전 8:1~13	막 1:21~28	하나님과 우상의 차이
	9	왕하 2:‧~12	고후 4:3~6	막 9:2~9	"산에 가야할 이유, 산에서 내려와야 할 이유"
	16	창 9:8~17	벧전 3:18~22	막 1:9~15	예수님이 걸어가신 길 (I)
	23	창 17:1~10	롬 4:16~25	막 8:31~38	예수님이 걸어가신 길 (II)
3	2	출 20:1~17	고전 1:22~25	요 2:13~22	"예수의 분노, 모세의 분노"
	9	삼하18:19~30	엡 2:4~10	마 22:1~14	두 사람의 뜀박질
	16	렘 31:31~34	히 5:7~10	요 12:20~33	예수와 함께 죽고 함께 살자
	23	사 50:4~9	빌 2:5~11	막 11:1~11	유월절 어린 양
	30	사 25:6~9	고전 15:1~11	요 20:1~18	부활절 메세지
4	6	행 4:32~35	요일 1:1~2:2	마 28:16~20	세상을 향한 우리의 사명
	13	행 3:12~19	요일 3:1~7	눅 24:35~48	가수와 노래
	20	행 4:8~12	요일 3:18~24	요 10:12~18	마르지 않는 샘터
	27	행 8:26~46	빌 4:4~8	요 15:1~8	종말에 사는 성도들
5	4	행 10:44~48	요일 5:1~8	요 15:9~17	복음과 어린이
	11		요일 5:9~13	요 17:11~19	복음적인 가정을 위하여
	18	겔 37:1~14	행 2:1~21	요 15:26~27	"성령의 役事, 구원의 歷史"
	25	사 6:1~8	롬 8:12~17	요 3:1~17	회심의 현대적 의미
6	1	삼상 16:1~13	고후 4:5~12	마 2:23~3:6	"열린 신앙, 열린 예배"

월	일	제1본문	제2본문	복음서	설교 제목
	8	출 23:14~17	고후 9:5~12	마 6:7~13	맥추절과 감사의 삶
	15	출 16:11~15	고후 5:6~17	요 6:47~51	생명의 양식
	22	출 15:26	고후 5:18~6:2	요 5:1~9	일어나 네 자리를 들고 걸어가라
	29	수 1:1~9	고후 8:7~15	막 4:35~41	삶의 태도에 관하여
7	1	왕하 2:1~11	갈 5:13~25	눅 9:51~62	그리스도 예수의 사람들
	8	잠 30:5~9	살전 5:12~18	눅 12:22~34	감사에 얻는 것 세가지
	15	암 7:7~17	골 1:1~14	눅 10:25~37	이웃에게 자비를
	22	암 8:1~13	골 1:15~29	눅 10:38~42	'많은 일' 과 '한가지' 중에서
	29	호 1:2~10	골 2:6~15	눅 11:1~13	어떻게 기도할 것인가
8	5	호 11:1~11	골 3:1~11	눅 12:13~21	옛사람을 죽이고 새사람이 되어라
	12	사 1:10~20	히 11:8~16	눅 12:32~40	한반도의 평화와 기독교의 자세
	19	사 5:1~7	히 12:1~17	갈 2:16~21	예수의 참 좋은 친구
	26	렘 1:4~10	히 12:18~29	눅 13:10~17	무엇이 최고인가?
9	2	렘 2:4~13	히 13:1~8		영광과 복이 있는 삶
	9	렘 18:1~11	몬 1:1~21	눅 14:25~33	제자 공동체와 교회
	16	렘 4:22~28	딤전 1:12~17	눅 15:1~11	땅이 슬퍼 할 것이며 하늘이 흑암 할 것이라
	23	렘 8:18~9:1	딤전 2:1~7	눅 16:1~13	중보자 그리스도 예수
	30	렘 32:6~15	딤전 6:6~19	눅 16:19~31	부자와 나사로
10	7	레 24:1~9	고전 11:23~24	눅 22:14~23	이것은 내 몸이라
	14	렘 29:4~7	딤후 2:8~15	눅 17:11~19	문제를 어떻게 풀어 갈 것인가
	21	렘 31:27~34	딤후3: 14~4:5	눅 18:1~8	성경과 인생
	28	욜 2:23~23		눅 18:9~14	교회 개혁의 깃발을 들자
11	4			눅 19:1~10	작은 것이 소중하다
	11	학 2:1~9		눅 20:27~38	감사의 계절
	18	욘 2:1~10	행 16:11~18	눅 22:7~23	세례의 의미와 성찬
	25	렘 23:1~8	골 1:12~20	눅 24:36~53	마음을 열어야
12	2	사 2:1~5	롬 13:11~14	마 24:36	인자가 오시는 날
	9	사 11:1~10	롬 15:4~13	막 3:1~12	손 마른 자의 회복과 인권회복
	16	사 35:1~10	약 5:7~10	막 11:2~1	성경과 오장 육부
	23	사 7:10~16	롬 1:1~7	마 1:18~25	예수 오심의 참된 의미
	25	사 52:7~10	히 1:1~12	요 1:1~14	이 땅에 평화가 임하소서
	30	사 63:7~9	히 2:10~18	마 5:1~16	너희에게 복이 있나니

1998	1	4	렘 32:6~15	엡 1:3~10	요 1:10~18	신앙의 밭을 사자
		11	사 40:9~11	행 8: 14~17	눅 3:15~17	높은 산에 오르자
		18	사 62:1~5	엡 2:11~22	요 2:1~11	화평케 하는 사람
		25	느 8:1~12	고전 12:12~31	눅 4:16~21	'기름' 을 부은 이유
	2	1	렘 1:4~10	고전 13:1~13	눅 4:21~30	그것은 사랑이었습니다

월	일	제1본문	제2본문	복음서	설교 제목
	8	사 6:1~8	고전 15:1~11	눅 5:1~11	새로운 출발을 위하여
	15	렘 17:5~8	고전 15:12~19	눅 6:17~26	함께 나누는 복
	22	창 45:3~15	고전 15:42~50	눅 6:27~38	어떻게 살아야 할까요?
3	1	신 26:1~11	롬 10:9~13	눅 4:1~13	3 · 1운동과 한국교회
	8	창 15:1~11	빌 3:17~4:1	눅 9:28~36	인간의 본질은 무엇인가?
	15	사 55:1~7	고전 10:1~13	눅 13:1~9	만일 회개치 아니하면
	22	수 5:9~12	고후 5:17~21	눅 15:11~32	나는 지금 어디에 있는가
	29	사 43:16~21	빌 3:4~14	요 12:1~8	향유에 얽힌 이야기
4	5	사 50:4~9	빌 2:5~11	눅 22:14~34	사단의 시험과 기도의 능력
	12	사 66:17~25	고전 15:19~26	눅 24:1~12	예수 부활하셨다
	19	행 5:27~32	계 1:4~8	요 20:19~31	샘터교회의 비전
	26	행 9:1~7	계 5:11~14	요 21:1~14	153
5	3	행 9:36~43	계 5:9~14	요 10:22~30	어린이와 어른
	10	행 11:1~18	계 21:1~7	요 13:31~35	"어머니와 아내, 그리고 며느리"
	17	사 40:27~31	계 22:1~5	요 5:1~9	새 힘을 얻으리라
	24	행 16:16~34	계 22:12~21	요 17:20~26	저희로 하나되게 하소서
	31	창 11:1~9	행 2:1~21	요 14:8~17	성령 충만한 삶
6	7		롬 5:1~5	요 16:12~16	삼위일체의 신앙
	14	삼하11:26~12:15	갈 2:15~21	눅 7:36~8:3	주 하나님 지으신 모든 세계
	21	왕상 19:1~15	갈 3:23~29	눅 8:26~39	군대를 몰아내신 주님
	28	왕하 2:1~14	갈 5:13~24	눅 19:1~10	만남과 변화
7	5	출 34:21~24	갈 5:1~6	눅 10:1~11	그래도 감사해야 할 이유가 있다
	12	단 9;21~10:3	골 1:1~14	눅 10:25~37	"한 이레" 만이라도
	19	암 8:1~13	골 1:15~29	눅 10:38~42	만족하는 삶
	26	창 18:20~32	골 2:6~15	눅 11:1~13	"대화하시는 하나님, 응답하시는 하나님 "
8	2	호 11:1~11	골 3:1~11	눅 12:13~21	위엣 것을 찾아라
	9	창 33:1~17	히 11:1~16	눅 12:32~40	통일과 해방의 길목에서
	16	사 5:1~7	히 11:29~12:2	눅 12:49~56	새 포도원과 그 열매
	23	렘 1:4~10	히 12:18~29	눅 13:10~17	허리굽은 여인을 구원하신 예수
	30	잠 30:24~28	히 13:1~16	눅 13:10~17	신앙인의 지혜로운 선택
9	6	렘 18:1~11	몬 1:1~21	눅 14:25~33	예수그리스도의 제자가 되는 일
	13	출 32:7~14	딤전 1:12~17	눅 15:1~10	죄인 하나가 회개하면
	20	암 8:4~8	딤전 2:1~7	눅 16:9~18	예수와 하나님 나라 복음
	27	렘 32:6~15	딤전 6:6~19	눅 16:49~31	세 사람 이야기
10	4	신 16:1~8	고전 11:17~34	눅 22:7~20	하나님의 어린 양
	11	렘 29:4~15	딤후 2:8~15	눅 17:11~19	예수님과 만나서 함께하는 신앙인
	18	렘 31:27~34	딤후 3:14~4:5	눅 8:22~25	너희 믿음이 어디 있느냐?
	25	욜 2:23~32		눅 18:9~14	바리새인의 기도와 세리의 기도

월	일	제1본문	제2본문	복음서	설교 제목
11	1	신 16:13~17	살후 1:3~12	눅 10:21~24	"예수, 성령, 감사"
	8	학 2:1~9	살후 2:1~5	눅 20:27~40	"부활의 하나님, 산 자의 하나님 "
	15				
	22	신 26:1~11	빌 4:4~9	요 6:25~35	나는 참 떡입니다
	29	사 2:1~5	롬 13:11~14	마 3:1~11	기본이 잘 되어있는 신앙인
12	6	사 11:1~10	롬 15:4~13	마 24:36~44	천국 복음
	13	사 35:1~10	눅 1:47~55	마 11:2~11	성경의 인물
	20	사 7:10~16	롬 1:1~7	마 1:18~25	임마누엘
	25	사 9:2~7	딛 2:11~14	눅 2:1~4	성탄메세지
	27	사 9:1~4	고전 1:10~17	마 4:12~22	나를 따라 오너라

<table>
<tr><td>1999</td><td>1</td><td>3</td><td>창 12:1~9</td><td>벧전 5:1~11</td><td>요 14:25~27</td><td>아브라함의 믿음을 따르라</td></tr>
</table>

월	일	제1본문	제2본문	복음서	설교 제목
	10	창 22:1~19	신 28:1~19	마 5:1~10	하나님께서 복 주셨다지요?
	17	창 35:1~15	롬 8:1~11	눅 12:22~31	야곱을 보면 하나님이 보인다
	24	창 41:37~45	요일 5:1~12	눅 6:27~38	"큰 꿈, 큰 시련, 큰 믿음, 큰 축복"
	31	미 6:1~9	고전 1:18~31	마 5:1~12	기뻐하고 즐거워하라
2	7	사 58:1~9	고전 2:1~12	마 5:13~20	하나님의 지혜
	14	출 24:12~18	벧후 1:16~21	마 17:1~8	진정한 변화를 이루는 삶
	21				
	28	창 12:1~4		요 3:1~17	세상을 구원하는 교회
3	7				
	14	삼상 16:1~13	엡 5:8~14	요 9:35~41	눈을 뜨고 세상을 이겨내야
	21				
	28	사 50:4~9	빌 2:5~11	눅 23:26~38	십자가와 용서
4	4	행 10:34~43	골 3:1~4	요 20:1~8	예수 부활하셨다
	11		벧전 1:3~7	눅 5:1~11	비전 2020
	18	행 2:37~41	벧전 1:17~23	눅 4:14~30	새 천년을 향하여
	25	행 2:42~47	벧전 2:19~25	요 10:1~10	양의 선한 목자
5	2	행 7 "55~60	벧전 2:2~10	요 14:1~14	아버지와 아들
	9	행 17:22~31	벧전 3:13~22	요 14:15~21	계명을 지키는 자
	16	행 1:6~14	벧전 4:12~14	요 17:1~11	예수의 중보기도
	23	행 2:1~21	고전 12:3~13	요 7:37~39	성령으로 거듭난 사람
	30	창 1:1~2:3	고후 13:11~13	마 28:16~20	삼위일체의 신앙
6	6	창 12:1~9	롬 4:13~25	마 9:9~13	나를 좇으라
	13	창 18:1~!5	롬 5:1~8	마 10:5~15	무소유의 삶은 가능한가?
	20	창 21:8~21	롬 6:1~11	마 10:24~39	"예수 사랑, 하나님 사랑"
	27	창 22:1~14	롬 6:12~23	마 10:40~42	여호와 이레
7	4	창 24:50~67	롬 7:15~25	마 11:16~19	마음이 쉼을 얻으리라

월	일	제1본문	제2본문	복음서	설교 제목
	11	창 25:19~34	롬 8:1~11		듣고 깨닫는 자가 되라
	18	창 28:10~19	롬 8:12~25		천사와 마귀
	25	창 29:15~28	롬 8:26~39		
8	1	창 32:22~31	롬 9:1~5	마 14:13~21	배불리 먹이신 목사님
	8		롬 10:5~15	마 14:22~33	기도하러 갑시다
	15	창 45:1~15		마 15:21~28	
	22	출 1:8~2:10	롬 12:1~8	마 16:13~20	하나님과 연합하여 사는 자
	29	출 12:1~14	롬 13:8~14	마 18:15~20	하늘의 나라와 땅의 교회
9	5	출 3;1~15	롬 12:9~21	마 16:21~28	행한대로 갚으리라
	12	출 14:19~31	롬 14:1~12	마 18:21~35	용서받은 대로 용서하라
	19	출 16:2~15	롬 1:21~30	마 20:2~16	교육의 위기와 우리의 과제
	26	출 17:1~7	빌 2:1~14	마 21:23~32	먼저 하나님의 나라에 들어가는 사람들
10	3	출 13:1~10	빌 3:4~16	마 25:26~29	몸의 철학과 영성
	10	출 32:1~14	빌 4:1~9	마 22:1~14	청함을 받은 자와 택함을 받은 자
	17	출 33:12~23	살전 1:1~10	마 22:15~22	하나님께로 돌아오라
	31	수 3:7~17	살전 2:9~13	눅 17:11~19	감사의 표시
11	7		살전 4:13~18	시 16:9~14	꿈을 심어주는 교회
	14	신 8:7~18	고후 9:6~15	갈 6:6~10	낙심 하셨습니까?
	21	삿 4:1~7	살전 5:1~11	요 12:20~25	사랑의 열매
	28	사 64:1~9	고전 1:3~9	눅 1:26~56	마리아의 성탄준비
12	5	사 40:1~11	벧후 3:8~15	마 11:28~30	진정 네가 나를 사랑하느냐
	12		살전 5:16~24	마 25:31~46	이 세상 어디를 가든지
	19		롬 16:25~27	눅 1:26~38	새 천년을 준비합시다
	25	사 2:7~10	히 1:1~12	요 1:1~14	성탄의 진정한 의미
	26	사 61:10~62:3	갈 4:4~7	눅 1:33~36	마음을 눈뜨는 자
	31	사 41:8~10			거룩한 선택

2000	1	2	렘31:7~14	엡 1:3~14	요 1:10~18	"새 천년, 새 사람, 새 비전"
		9	창1:1~5	행 19:1~7	막 1:4~11	"건강한 믿음, 성장하는 교회"
		16	심상3:1~10	고전 6:12~20	요 1:43~52	'와 보라' 전도전략
		24				
		31	신 18:15~20	고전 8:1~13	막 1:21~28	가버나움에서 생긴 일
	2	6	사 40:21~31	고전 9:16~23	막 1:29~39	예수 선교의 3대 방법
		13	왕하 5:1~1	고전 9:24~27	막 1:40~45	깨끗함을 받으라
		20	사 43;:18~25	고후 1:18~22	막 2:1 · 12	여호와를 송축하라
		27	호 2:14~20	고후 3:1~6	막 2:13~22	3 · 1정신과 기독교
	3	5	왕하 2:1~11	고후 4:3~6	막 9:2~8	변화산의 '소리'
		12	창 9:8~19	벧전 3:18~22	막1:9~15	누가 '회개' 할 것인가

월	일	제1본문	제2본문	복음서	설교 제목	
	19	창 17:1~16	롬 4:13~25	막 8:31~38	사단과의 전쟁	
	26	출21:1~17	고전 1:18~25	요 2:13~22	교회로 교회되게 하라	
4	2	민 21:4~9	엡 3:14~21	요 3:14~21	영생과 구원	
	9	렘 31:31~34	히 5:5~10	요 12:20~33	하나의 밀알이 되어	
	16	사50:4~9	빌 2:5~11	막 14:1~11	마리아의 선택과 유다의 선택	
	23	시118:14~25	고전 15:1~11	요 12:20~33	내가 주를 보았다	
	30	요I 1:1~2:1	행 4:32~35	요 20:19~31	구도자 도마	
5	7	신 5:16	마 12:40~50	막 10:13~16	부모님과 어린이	
	14	행 4:5~12	요 2:15~24	요 10:11~18	계명을 지키는자	
	21	행 8:26~40	요 4:7~21	요 15:1~8	포도나무	
	28	행 10:44~48	요 5:1~8	요 15:9~17	자! 이제 준비합시다	
6	4	행 1:1~11	엡 1:15~23	눅 24:44~53	교회 생활은 어떻게 해야하나?	
	11	겔 31:1~14	롬 8:22~27	요 16:4~15	다시 살아나야 합니다	
	18	사 6:1~8	롬 8:12~27	요 3:1~17	물과 성령으로 나지 안니하면	
	26	사 2:1~4	엡 2:11~18	마 5:1~12	평화를 만드는 사람(Peace marker)	
7	2	삼하 1:7~27	막 5:21~43	고전 8:1~13	지식보다 사랑을 우선하라	
	9		고후 6:1~13	막 6:1~13	교역자와 그리고 교인	
	16	출 34:21~24	엡 5:15~21	막 6:31~44	기적과 감사를 이루는 인생	
	23	삼하 7:1~13	엡 2:11~22	막 6:45~52	저희에게 오신 이유	
	30	삼하 11:1~15	엡 3:14~21	요 6:1~21	어떤 교회가 참 교회인가?	
8	6	삼하11:26~12:13	엡 4:1~16	마 7:24~8:1	산에서 배우는 인생 교훈	
	13	사 52:1~10	엡 4:25~5:2	요 6:41~52	송축하라! 내 영혼아	
	20	왕상 3:1~15	엡 5:15 ~21	요 6:51~58	내 살을 먹고 내피를 마시는 자	
	27	왕상 8:22~30	엡 6:10~20	요 6:60~71	너희도 가려느냐?	
9	3	삼상 16:14~23	히 13:14~16	눅 24:50~53	다윗의 음악 요법	
	10	잠 22:1~9	약 2:1~10	막 8:11~21	건너편으로 갑시다.	
	17	시 124:1~8	약 5:13~20	막 9:38~50	구원의 길	
	24	잠 31:10~31	약 4:1~10	막 930~37	"섬기는 자, 겸손한 자"	
10	1	시 124:1~8	약 5:13~20	막 9:38~50	의인의 간구는 역사하는 힘이 많으니라	
	8	시 26:1~12	히 2:1~10	막 10:2~16	'홀로서기' 와 '함께서기' -결혼을 위하여	
	15	시 22:1~15	히 4:12~16	막 10:17~31	백배의 상을 받는 길	
	22	시 104:1~9	히 5:1~10	막 10:35~45	순종과 고난 - 제자의 덕목	
	29	신 26:1~11	골 3:12~17	요 6:22~40	하나님 아버지께 감사하다	
11	5	룻 1:1~18	히 9:11~14	막 12:28~34	우리 하나님은 유일한 주시라	
	12		히 9:24~28	막 12:38~44	두 과부의 이야기	
	19	욜 2:23~27	딤전 2:1~7	막 13:24~37	간구와 기도와 도고와 감사	
	26	삼하 23:1~7	딤후 4:9~22	요 17:13~16	겨울 전에 너는 어서 오라	
12	3	렘 33:14~16	살전 3:9~13	눅 21:25~36	예수님은 누구신가?	

월	일	제1본문	제2본문	복음서	설교 제목
	10	말 3:1~4	빌 1:3~11	눅 3:1~6	생명의 책
	17	사 12:2~5	빌 4:4~7	요 14:1~14	나를 믿으면
	24	미 5:2~5	히 4:5~10	눅 1:39~55	찬양을 받으시기 합당한 하나님
	25	사 9:1~6	딛 2:11~14	눅 2:1~14	아기 예수를 영접한 사람들
	31	슥 14:3~8	골 3:12~17	요 4:1~14	해지기 전에 생수 한 그릇 드시지요.
2001 1	7	사 43:1~7	행 2:37~47	눅 3:15~22	새해에는 갑절로 부흥하게 하소서!
	14	사 62:1~5	고전 12:1~11	요 2:1~11	인생살이
	21	느 8:5~15	고전 12:2~3	눅 4:16~21	무얼 믿느냐고 묻거든
	28	렘 1:4~10	고전 13:1~13	눅 4:21~30	은혜는 누구에게 임하나
2	4	사 6:1~8	고전 15:1~11	눅 5:1~11	왜 주님은 아무 말씀이 없으신가?
	11	렘 17:5~11	고전 15:12~19	눅 6:17~26	복 받을 자와 화 받을 자
	18	창 45:3~15	고전 15:35~49	눅 6:27~38	주라 그리하면 너희에게 주실 것이라
	25	출 34:29~35	고후 3:12~4:2	눅 9:28~36	3·1정신과 한국 교회
3	4	신 26:1~11	롬 10:9~13	눅 4:1~13	시험을 이기는 마음
	11	창 15:12~21	빌 3:17~4:1	막 12:38~44	참된 경건의 헌신
	18	아 2:10~14	갈 5:22~24	요 13:31~35	사랑의 노래
	25	수 5:9~12	고후 5:17~21	눅 15:1~10	새사람이 된다는 의미
4	1	사 43:16~21	빌 3:4~14	요 12:1~8	복음 전도자와 복음 장사꾼
	8	사 50:4~9	빌 2:5~11	막 12:1~8	최후의 만찬과 오늘의 의미
	15	사 65:~17~25	고전 15:19~26	눅 34:13~35	엠마오로 가는 길에서
	22	시 118:14~29	행 5:27~32	눅 24:44~49	부활과 혁명과 교회
	29	시 30:1~12	행 9:1~7	마 12:9~21	손을 내밀라
5	6	시 23:1~6	행 9:36~43	마 7:7~11	구하라! 찾으라! 두드리라!
	13	시 148:1~14	행 12:1~19	마 15:21~28	어머니의 사랑
	20	시 6:1~7	행 16:9~15	요 14:23~29	웨슬리의 인생과 신앙
	27	시 47:1~9	행 1:1~11	눅 24:44~53	예수 그리스도의 증인
6	3	창 11:1~9	롬 8:14~17	눅 5:1~11	기대하지 않았던 수확(The Unexpected Catch)
	10	잠 8:22~31	롬 5:1~6	요 16:12~15	하나님이 창조하신 세계와 인간
	17	왕상 21:1~10	갈 2:15~21	눅 7:36~8:3	다시 세우는 믿음
	24	겔 37:15~23	엡 2:11~22	눅 8:26~39	우리 민족을 온전하게 회복시켜 주옵소서
7	1	왕하 2:1~11	갈 5:13~25	눅 9:51~62	그리스도 예수의 사람들
	8	잠 30:5~9	살전 5:12~18	눅 12:22~34	감사에 얻는 것 세 가지
	15	암 7:7~17	골 1:1~14	눅 10:25~37	이웃에게 자비를
	22	암 8:1~13	골 1:15~29	눅 10:38~42	'많은 일'과 '한가지' 중에서
	29	호 1:2~10	골 2:6~15	눅 11:1~13	어떻게 기도할 것인가
8	5	호 11:1~11	골 3:1~11	눅 12:13~21	옛사람을 죽이고 새사람이 되어라
	12	사 1:10~20	히 11:8~16	눅 12:32~40	한반도의 평화와 기독교의 자세

월	일	제1본문	제2본문	복음서	설교 제목
	19	사 5:1~7	히 12:1~17	갈 2:16~21	예수는 참 좋은 친구
	26	렘 1:4~10	히 12:18~29	눅 13:10~17	무엇이 최고인가?
9	2	렘 2:4~13	히 13:1~8		영광과 복이 있는 삶
	9	렘 18:1~11	몬 1:1~21	눅 14:25~33	제자 공동체와 교회
	16	렘 4:22~28	딤전 1:12~17	눅 15:1~11	땅이 슬퍼 할 것이며 하늘이 흑암 할 것이라
	23	렘 8:18~9:1	딤전 2:1~7	눅 16:1~13	중보자 그리스도 예수
	30	렘 32:6~15	딤전 6:6~19	눅 16:19~31	부자와 나사로
10	7	레 24:1~9	고전 11:23~24	눅 22:14~23	이것은 내 몸이라
	14	렘 29:4~7	딤후 2:8~15	눅 17:11~19	문제를 어떻게 풀어 갈 것인가
	21	렘 31:27~34	딤후3:14~4:5	눅 18:1~8	성경과 인생
	28	욜 2:23~23		눅 18:9~14	교회 개혁의 깃발을 들자
11	4			눅 19:1~10	작은 것이 소중하다
	11	학 2:1~9		눅 20:27~38	감사의 계절
	18	욘 2:1~10	행 16:11~18	눅 22:7~23	세례의 의미와 성찬
	25	렘 23:1~8	골 1:12~20	눅 24:36~53	마음을 열어야
12	2	사 2:1~5	롬 13:11~14	마 24:36	인자가 오시는 날
	9	사 11:1~10	롬 15:4~13	막 3:1~12	손 마른 자의 회복과 인권 회복
	16	사 35:1~10	약 5:7~10	마 11:2~1	성경과 오장 육부
	23	사 7:10~16	롬 1:1~7	마 1:18~25	예수 오심의 참된 의미
	25	사 52:7~10	히 1:1~12	요 1:1~14	이 땅에 평화가 임하소서
	30	사 63:7~9	히 2:10~18	마 5:1~16	너희에게 복이 있나니

2002	1	6	사 60:1~6	엡 3:1~12	마 6:19~34	어떻게 살 것인가?
		13	사 42:1~9	사행 10:34~43	마 3:13~17	새 일을 행하시는 하나님
		20	사 49:1~7	고전 1:1~9	요 1:29~42	선택의 갈림길에서
		27	사 9:1~4	고전 1:10~18	마 4:12~23	신앙의 거품을 빼라
	2	3	미가 6:1~8	고전 1:18~31	마 5:1~12	영적인 사람과 물질적인 사람
		10	시 99:1~9	배후 1:16~21	미 17:1~9	예수 그리스도의 변모와 복음
		17	시 32:1~11	롬 5:12~19	마 4:1~11	사순절의 의미와 영적 시험
		24	창 12:1~9	롬 4:1~11	요 3:1~17	3.1정신과 기독교 신앙
	3	3	신 26:1~11	출17:1~7	롬 5:1~11	하나님이 받으시는 예배
		10	시 23편	엡 5:8~11	요 9:35~41	영적인 눈을 뜨자
		17	겔 37:1~14	롬 8:6~11	요 11:1~45	낮에 다니는 사람과 밤에 다니는 사람
		24	시 31:9~16	빌 2:5~11	마26:14~27:66	십자가에 죽으심이라
		31		골 3:1~4	요 20:1~18	부활을 체험한 사람들의 증언
	4	7	시 16:1~11	벧후 1:3~9	요 20:19~31	예수 부활과 평화
		14	시116:12~19	벧전 1:17~23	요 21:1~14	예수 부활과 희망
		21	창 3:8~19	히 4:14~16	요 10:1~18	예수님의 음성을 듣는 한 무리

월	일	제1본문	제2본문	복음서	설교 제목
	28	시 31:1~16	벧전 2:1~10	눅 14:1~14	배려와 공유의 세상을 위하여
5	5	잠 2:1~6	엡 6:1~4	요 14:15~21	어린이를 위한 교회
	12	시 47:1~9	엡 1:15~23	눅 8:16~21	충분히 좋은 어머니
	19	시 104:24~25	행 2:1~21	요 20:19~23	성령을 받읍시다
	26	시 8편	고후 12:11~13	마 28:16~20	너희와 항상 함께 있으리라
7	7	창 28:10~22	롬 15:7~13	마 12:9~21	꿈은 이루어진다
	14	시 41:17~17	롬 7:15~25	마 12:9~21	하나님께 감사하리로다
	21	시 139:1~12	롬 8:12~15	마 13:24~30	새로운 영성을 위하여
	28	창 29:15~28	롬 8:26~39	마 14:13~21	천국이 어떤 곳이냐 물으면
8	4	창 32:22~32	롬 9:1~5	마 14:13~21	지금 우리가 가지고 있는것은
	1	창 50:13~21	롬 4:4~7	마 5:3~10	"마음으로, 가슴으로 잇는 길"
	18	시 133:1~3	롬 11:25~32	마 15:1~20	형제가 연합하여 동거함이
	25	삼상 2:12~17	롬 12:1~8	마 16:13~20	아버지의 영광
9	1	렘 20:7~9	롬 12:1~8	마 16:21~28	역설적인 구원의 진리
	8	출 12:1~4	롬 13:8~14	마 18:15~20	땅에 존재하는 하늘나라 교회
	15	출 14:19~31	롬 14:1~12	마 18:15~20	나와 다른 것이 있기 때문에
	22	출 16:2~15	빌 1:21~30	마 20:1~16	하나님 나라의 상급은?
	29	출 17:1~17	빌 2:1~13	마 21:23~32	너희 안에 이 마음을 품으라
10	6	출 20:1~20	빌 3:4~14	마 21:33~46	열매 맺는 백성
	13	출 32:1~14	빌 4:1~9	마 22:1~14	황금 송아지를 만든 사람들
	20	출 33:12~23	살전 1:1~10	마 22:15~22	바울의 감사기도
	27	신 34:1~8	살전 2:1~8	마 22:34~46	교회 개혁의 깃발을 들자
11	3	수 3:7~17	살전 2:9~13	마 23:1~12	어디를 향하여 항해할 것인가?
	10	수 24:14~25	살전 4:13~18	마 25:1~13	그리스도의 재림에 대하여
	17	시 116:10~19	살전 5:1~11	마 25:14~30	내게주신 모든 은혜를 무엇으로 보답할까
	24	시편 100편	엡 1:15~23	마 25:31~46	왕께서 심판하시다
12	8	사 40:1~11	벧후 1:1~8	막 1:1~8	말씀이 육신이 되어 오시다
	15	사 61:1~11	살전 5:16~24	요 1:19~28	구원의 아름다움 소식을 전하자
	22		롬 16:25~27	눅 6:26~38	마리아의 믿음과 기원
	29	사 61:10~62:3	갈 4:4~7	눅 2:22~40	세밑에 서서 내일을 본다.

2003	1	5	렘 31:7~14	엡 1:3~14	요 1:10~18	영성과 지성을 겸비한 상앙인
		12	창 1:1~5	행 19:1~7	마 1:10~18	1903년 01월 13일
		19	삼상 3:1~10	고전 6:12~20	요 1:43~51	예수그리스도 오늘의 희망
		26	욘 3:1~5	고전 7:29~31	마 1:14~20	신앙인도 때로는 실패할 수 있다
	2	2	신 18:15~30	고전 8:1~13	마 1:21~28	"덕을 세우는 사람, 덕을 허무는 사람"
		9	사 40:21~31	고전 9:16~23	마 1:29~39	진정한 '인생역전' 을 위하여
		16	열하 5:1~14	고전 10:1~13	마 1:40~45	획일성에서 다양성의 시대로!

월	일	제1본문	제2본문	복음서	설교 제목
	23	사 43:18~25	고후 1:18~22	마 2:1~12	당신의 가능성에 주목하라
3	2	열하 2:1~12	고후 4:3~6	마 9:2~9	하나님의 나라와 땅의 나라
	9	창 9:8~17	벧전 3:18~22	마 1:9~15	회개는 누가 하나?
	16	창 17:1~7	롬 4:13~25	마8:31~38	당신의 이야기를 듣고 싶습니다
	23	출 20:1-17	고전 1:18-25	요 2:13-22	충격과 공포를 넘어서
	30	렘 31:31-34	히 5:5-10	요 12:20-33	지금 내 마음이 괴로우니 무슨 말을 하리요
4	6	민 21:4-9	엡 2:1-10	요 3:14-21	의존적 인생과 자주적 인생
	13	행 10:34-43	고전 15:1-11	요 20:1-18	부활. 혁명. 교회
	20	사 50:4-9	빌 2:5-11	요 12:12-16	그리스도의 몸과 피
	27	시 4	요일 3:1-7	눅 24:36-48	가정의 위기와 부활신앙
5	4	행 4:32-35	요일 1:1-22	요 20:19-31	영성적 가난과 부활신앙
	11	시 22:25-31	요일 4:7-21	요 15:1-8	예수를 스승으로 모시고 삽시다!
	18	잠 23:19-25	엡 6:1-4	요 10:11-18	부모와 자녀의 복음적인 관계
	25	수 24:6-16	요일 5:1-6	요 15:9-17	하나님의 힘을 의지하라
6	1		요일 5:9-13	요 17:6-19	좁은 문에 서 있는 사람들
	8	겔 37:1-14	롬 8:22-27		성령이여 이 땅에 임하옵소서
	15	사 6:1-8	롬 8:12-17	요 3:1-17	참된 영생을 누리는 길
	22	삼상 17:12-27	고후 6:1-13	막 4:235-41	"잠잠하라, 고요하라"
	29	삼하 1:17-27	고후 8:7-15	막 5:21-43	솔직하게 믿읍시다!
7	6	삼하 5:1-5	고후 12:2-10	막 6:1-13	예수님과 잘 통하십니까?
	13	삼하 6:1-5	엡 1:3-14	막 6:14-29	아름다운 헌신을 위하여
	20	삼하 7:1-14	엡 2:11-22		하늘 잔치가 이곳에서 열립니다.
	27	삼하 11:1-15	엡 3:14-21	요 6:1-21	참여 시대와 참여 교회
8	3		엡 4:1-16	요 6:24-35	자연스러운 것이 아름다운 것입니다.
	10	창 4:1-12	요일 3:13-24	요 :19-29	이 땅에서 선한 일을 행한 자가 되는 길
	17		엡 5:15-21	막 5:25-34	믿음의 딸아!
	24	왕상 8:22-30	엡 6:10-20	요 6:56-69	건강한 교회를 세웁시다.
	31	아 2:8-17	약 1:19-27	막 7:1-23	하나님과의 인터뷰
9	7	잠 22:1-9	약 2:1-17	막 7:24-37	여유와 끈기가 필요합니다
	14	잠 1:20-33	야 3:1-12	막 8:27-38	참여 속에 일치를 이루는 교회
	21	잠 31:10-31	약 3:13-4:3	막 9:30-37	기독교 교육의 새로운 3대 목표
	28		약 5:13-20	막 9:38-50	두 갈래 길
10	5			막 10:2-16	성찬의 새로운 의미
	12		히 4:12-16	막 10:17-31	예수님과 복음을 위하여
	19	욥 38:1-7	히 5:1-10	막 10:35-45	야고보와 요한을 어떻게 볼 것인가
	26		히 7:23-28	막 10:46-52	감사하는 마음으로 삽시다.
11	2	룻 1:1-18	히 9:11-14	막 12:28-34	나오미와 룻 이야기
	9		히 9:24-44	막 12:38-44	주님의 은혜 안에

월	일	제1본문	제2본문	복음서	설교 제목
	16	삼상 1:4-20	히 10:11-14	막 13:1-8	세대의 차이를 넘어서
	23	삼하 23:1-7	계 1:4-8	요 18:33-37	대화의 기적을 만들자
	30	렘 33:14-16	살 3:9-13	눅 21:25-36	왜 기다리고 있는가
12	7	말 3:1-4	빌 1:3-11	눅 3:1-6	예수 복음과 인권선교
	14	습 3:14-20	빌 4:4-7	눅 3:7-18	성경과 근본주의
	21	미 5:2-5	히 10:5-10	눅 1:39-45	세상을 변화시키기 위하여 오신 예수님
	25	사 52:7-10	히 1:1-12	요 1:1-14	성탄절 메세지
	28		골 3:12-17	눅 2:41-52	제3의 장소-교회의 새로운 의미

2004

월	일	제1본문	제2본문	복음서	설교 제목
1	4	렘 31:7-14	엡 1:3-14	요 1:10-18	세상을 변화시키는 교회를 위하여
	11	사 43:1-7	행 8:14-17	눅 3:15-22	이름이 중요합니다
	18	시 36:5-10	고전 12:1-11	요 2:1-11	하나님이 주시는 복을 받으십시오
	25	시 19	고전 12:12-31	눅 4:14-21	다양성 속의 통일성
2	1	시 71:1-6	고전 13:1-13	눅 4:21-30	한 노인의 기도
	8	사 6:1-8	고전 15:1-11	눅 5:1-11	인생을 어떻게 살 것인가?
	15	렘 17:5-10	고전 15:12-20	눅 76:17-26	"신학있는 교회, 교회있는 신학"
	22	출 34:29-35	고후 3:12-4:2	눅 9:28-36	너희는 그의 말을 들으라
	29	신 26:1-11	롬 10:8-13	눅 4:1-13	"3·1정신과 자존심, 교회"
3	7		빌 3:17-4:1	눅 13:31-35	인생의 사계절과 신앙
	14	사 55:1-9	고전 10:1-13	눅 13:1-9	시련과 역경을 넘어서
	21	수 5:9-12	고후 5:16-21	눅 15:11-32	위기의 본질을 알아야 승리한다
	28	사 43:16-21	빌 3:4-14	요 12:1-8	결국 아름다움이 우리를 구원할거야
4	4	사 50:4-9	빌 2:5-11	눅 2:5-11	사람답게 살고 사람답게 죽은 그 분
	11	행 10:34-43	고전 15:19-26	요 5:24-29	"생명의 부활, 심판의 부활"
	18	행 5:27-32	계 1:4-8	요 20:19-31	부활하신 주님과 함께하는 교회
	25	행 9:1-6	계 5:11-14	요 21:1-19	복음적 웰빙을 위하여
5	2	행 9:36-43	계 7:9-17	요 10:22-30	어린이는 어른의 그림자
	9	행 11:1-18	계 21:1-6	요 13:31-35	아!사랑이여!
	16	시 67	행 16:9-15	요 14:23-29	진리를 지키는 사람들
	23	행 1:1-11	엡 1:15-23	요 17:20-26	요한웨슬리'를 아시나요?
	30	행 2:1-21	롬 8:14-17	요 14:8-17	성령은 우리를 자유케 하신다
6	6		롬 5:1-5	요 16:12-15	지혜가 충만한 평신도
	13		갈 2:15-21	눅 7:36-8:3	만유의 주 하나님
	20		갈 3:23-29	눅 8:26-39	증오와 적대감을 넘어서
	27			눅 9:51-62	나는 예수님이 좋아요
7	4	왕하 5:1-14	갈 6:7-16		이름이 하늘에 기록된 것으로 기뻐하라
	11	암 7:7~17	골 1:1-14	눅 10:25-37	선한 사마리아인처럼
	18	암 8:1-12	골 1:15-28	눅 10:38-42	다양성 속의 하나됨

월	일	제1본문	제2본문	복음서	설교 제목
	25	호 1:2-10	골 2:6-19	눅 11:1-13	아버지의 나라가 오게 하소서
8	1	호 11:1-11	골 3:1-11	눅 12:13-21	부자가 되고 싶은 사람들에게
	8			눅 12:32-40	새롭게 다시 태어나야
	15	사 5:1-7	히 11:29-12:2	눅 12:49-56	광복. 평화통일. 북한선교
	22	렘 1:4-10	히 12:18-29	눅 13:10-17	그리스도인의 가치관
	29	렘 2:4-3			내 인생의 '옹이'를 극복하자
9	12		딤전 1:12-17	눅 15:1-10	교회는 그리스도의 몸입니다.
	19	렘 8:18-9:1	딤전 2:1-7	눅 16:1-13	어떻게 가르칠 것인가
	26	시 91:1-6	딤전 6:6-19	눅 16:19-31	청춘이란 무엇인가?
10	3	애 1:1-6	딤후 1:1-13	눅 17:5-10	"한국교회, 위기인가?"
	10	시 66:1-12	딤후 2:8-15	눅 17:11-19	고마움을 아는 사람
	17	렘 31:27-34	딤후 3:14-4:5	눅 18:1-8	하물며 하나님께서
	24	시 65		눅 18:9-14	선택의 기로에서
	31	시 119:137-144		눅 19:1-10	하나님께 감사드립시다.
11	7	욥 19:23-27		눅 20:27-38	세상나라 원리와 하나님나라 원리
	14	사 65:17-25	살후 3:6-13	눅 21:5-19	우울증 시대의 극복을 위하여
	21	신 26:1-11	빌 4:4-9	요 6:25-35	아버지를 회복하는 길
	28	사 2:1-5	롬 13:11-14	마 24:36-44	마라나타 예수여 오시옵소서
12	5	사 11:1-10	롬 15:4-13	마 3:1-12	새 시대는 용기가 있어야
	12	사 35:1~10	약 5:7-10	마 11:2-15	성경은 해방의 복음을 말한다
	19	사 7:10-16	롬 1:1-7	마 1:18-25	보이지 않는 동반자
	25	사 52:7-10	히 1:1-12	요 1:1-14	구원의 빛으로 오신 예수
	26	사 63:7-9	히 2:10-18	마 2:13-23	계속되는 시련 속에서

월	일	제1본문	제2본문	복음서	설교 제목
2005 1	2	렘 31:7-14	엡 1:3-14	요 1:1-18	변화와 부흥을 이루는 교회
	9	사 42:1-9	행 10:34-48	마 3:13-17	"물의 세례, 성령의 세례"
	16	사 49:1-7	고전 1:1-9	요 1:29-42	하나님의 어린양의 영성
	23	사 9:1-4	고전 1:10-18	마 4:12-23	"부드러운 주님, 부드러운 신앙"
	30	미 6:1-8	히 4:12-13	마 5:1-12	살아있는 하나님의 말씀
2	6	출 24:12-18	벧후 1:16-21	마 17:1-9	성경 속의 '닭' 이야기
	13		롬 5:12-19	마 4:1-11	회개의 영을 부어주소서
	20	창 12:1-4		요 3:1-15	보여줄 땅으로 가라
	27	출 17:1-7	롬 5:1-11	요 4:5-42	3.1정신과 역사의식
3	6	삼상 16:1-13	엡 5:8-14	요 9:1-41	관점이 바뀌면 세상이 달라진다
	13	겔 37:1-14	롬 8:6-11	요 11:1-45	너희 속에 하나님의 영이 거하시면
	20	사 50:4-9	빌 2:5-11	마 21:1-11	성 밖에서 성 안으로
	27	행 10:34-43	골 3:1-4	마 28:1-10	부활은 변화입니다
4	3		벧전 1:3-9	요 20:19-31	평화의 복음을 전하자

월	일	제1본문	제2본문	복음서	설교 제목
	10		벧전 1:17-23	눅 24:13-35	예수님은 누구인가?
	17	시 23:1-6	벧전 2:19-25	요 10:1-10	샘터교회의 3대 비전
	24	행 7:55-60	벧전 2:2-10	요 14:1-14	아름다운 안내자
5	1	행 17:22-31	벧전 3:13-22	요 14:15-21	예수 향기가 가득한 가정
	8	행 1:6-14		요 17:1-11	사랑과 '효'의 신학
	15	행 2:1-21	고전 12:3-13	요 20:19-23	성령강림과 교회 그리고 입교
	29	창 6:9-22	롬 2:22-28	마 7:21-29	하나님의 뜻대로 행하는 자라야
6	5	창 12:1-9	롬 4:13-25		당신이 복의 사람입니다.
	12	창 18:1-15	롬 5:1-8	마 9:35-10:8	모든 병과 모든 약한 것을 고치신 예수
	19	창 21:8-21	롬 6:1-11	마 10:24-39	생기를 주시는 주님
	22	창 1:1-24	고후 13:11-13	마 28:16-20	이제는 예수 운동이다
	29	창 22:1-14	롬 6:12-23	마 10:40-42	여호와 이레의 하나님
7	3		롬 7:15-25		예수 바라보며 예수처럼 살기
	10	창 25:19-34	롬 8:1-11		"백배, 육십배, 삼십배의 결실"
	17	창 28:10-19	롬 8:!2-25		"참 좋으신 하나님, 감사합니다"
	24	창 29:15-28	롬 8:26-39		인내하는 신앙인
	31	창 32:22-31	롬 9:1-5	마 14:13-21	사랑과 미움의 갈림길에서
8	7		롬 10:5-15	마 14:22-33	혼동과 착각의 시대를 극복하자
	14	창 45:1-15	"롬 11:1-2, 29-32"	마 15:21-28	화해는 가능하다
	21	시 124:1-8	롬 12:1-8	마 16:13-2	그리스도 안에서 한 몸이 되어
	28	출 3:1-15	롬 12:9-21	마 16:21-28	다시 시작하도록 인도하시는 하나님
9	4	출 12:1-14	롬 13:8-14	마 16:21-28	나도 그들 중에 있느니라
	11	출 12:14-31	롬 14:1-12	마 18:21-35	믿음에는 인내와 용서가 필요하다
	18	출 16:2-15	빌 1:21-30	마 20:1-16	추석과 감사의 계절
	25		빌 2:1-13	마 21:23-32	청년예수와 그를 따르는 사람들
10	2	사 5:1-7	빌 3:4-14	마 21:33-46	열매 맺는 백성이 되자
	9	사 25:1-9	빌 4:1-9	마 22:1-14	모든 얼굴에서 눈물을 씻기시는 하나님
	16	신 1:30-33	살전 1:1-10	눅 13:33	먼저 가시는 하나님
	23	신 34:1-12	살전 2:1-8	마 22:34-46	한국교회의 날을 맞이하여
	30	수 3:7-17	살전 2:9-13	마 23:1-12	참으로 해방된 교회
11	6	골 3:15-17	살전 4:13-18	마 25:1-13	감사하는 자가 되라
	13	삿 4:1-7	살전 5:1-11	마 25:14-30	누가 마음을 주는가
	20		엡 1:15-23	마 25:31-46	"주 예수 그리스도, 우리의 왕"
	27	사 64:1-9	고전 1:3-9	막 13:24-37	예수여 오시옵소서!
12	4	사 40:1-11	벧후 3:8-15	마 7:1-8	"나의 들보, 형제의 티"
	11		살전 5:16-24		예수의 의미와 좋은 소식

월	일	제1본문	제2본문	복음서	설교 제목
2006 1	1	전 3:1-13	갈 4:4-7	마 25:31-46	예수를 닮아가는 공동체가 되자
	8	창 1:1-5	행 19:1-7	막 2:13-17	가르치시는 예수님
	15	삼상 3:1-10	고전 6:12-20	요 1:43-51	예수와 나다나엘
	22		고전 7:29-31	막 1:14-20	요나의 회개와 순종
	29	신 18:15-20	고전 8:1-13	요 3:!-15	거듭남과 축복
2	5	사 40:21-31	고전 9:16-23	막 1:29-39	내가 이를 위하여 왔노라
	12	왕하 5:1-14	고전 9:24-27	막 1:40-45	내가 원하노니 깨끗함을 받으라
	19	사 43:18-25	고후 1:18-22	막 2:1-12	보라 내가 새 일을 행하리라
3	5	창 9:8-17	벧전 3:18-22	막 1:9-15	회개의 계절을 맞이하여
	19	시 19:1-14	고전 1:18-25	요 2:13-22	샘터교회의 비젼
	26	민 21:4-9	엡 2:1-10	요 3:14-21	십자가의 계절에
4	2	렘 31:31-34	히 5:5-10	요 12:20-33	하나님의 선교와 교회
	9	시 118:19-29	빌 2:5-11	막 11:1-11	“유대인의 왕” “예수”
	16	시 118:14-24	행 10:34-43	요 20:1-18	“예수의 부활, 우리의 부활”
	23	행 4:32-35	요일 1:5-10	요 20:19-31	긍정의 힘을 믿습니다
	30	행 3:12-19	요일 3:1-17	눅 24:36-49	내려놓음과 비움의 영성
5	7	행 4:5-12	요일 3:16-24	요 10:11-18	공유와 공존의 가족문화를 위하여
	14	행 8:29-40	요일 4:7-15	요 15:1-8	포도나무에 관한 이야기
	21	행 10:44-48	요일 5:1-6	요 15:9-17	웨슬리의 정신을 실천하자
	28	행 1:21-26	요일 5:9-13	요 17:6-19	예수 안에서 복있는 사람
6	4	행 2:1-8	롬 8:22-28	요 16:4-15	성령의 인도하심을 따라
	11	사 6:1-8	롬 8:12-17	요 3:1-17	예수와 환경선교
	18	겔 17:22-24	고후 5:6-17	막 4:26-34	하나님 나라의 씨앗이 되어
	25	욥 38:1-11	고후 6:1-10	마 4:35-41	너희가 어찌 믿음이 없느냐
7	2	삼하 1:17-27	고후 8:7-15	막 5:21-43	달리다굼의 역사
	9	삼하 5:1-5	고후 8:7-15	막 6:1-13	하나님께 감사하라
	16	삼하 6:1-19	엡 1:3-14	막 6:14-29	“다윗, 세례요한, 예수”
	23	삼하 7:1-14	엡 2:11-22		예수 안에서 다 성함을 얻느니라
	31	삼하 11:1-15	엡 3:14-21	막 4:35-41	“잠잠하라, 고요하라”
8	6	삼하 12:7-15	엡 4:1-16	요 6:24-35	생명의 떡 - 예수 그리스도
	13	삼하 18:5-9	엡 4:25-5:2		8.15 해방과 손정도 목사 그리고 민족교회
	20	왕상 3:3-14	엡 5:15-58	요 6:51-58	지혜 있는 인생
	27	왕상 8:22-30	엡 6:10-20	요 6:56-59	“떠나가는 사람, 남아있는 사람”
9	3	아 2:8-13	약 1:17-27		아가서 - 사랑의 노래
	10	잠 22:8-23	약 2:1-10	막 7:24-37	지혜로운 선택을 하는 교회
	17	잠 1:20-33	약 3:1-12	막 8:27-38	어떻게 가르칠 것인가
	24	잠 31:10-31	약 3:13-18	막 9:30-37	“성숙한 청년, 성숙한 믿음”
10	1	에 7:1-10	약 5:13-20	막 9:38-50	우리의 몸과 호르몬을 주관하시는 하나님

월	일	제1본문	제2본문	복음서	설교 제목
	8	욥 2:1-10	히 2:5-12	막 10:2-16	둘이 아니요 한 몸이니
	15	암 5:6-15	히 4:12-16	막 10:17-31	아직도 한가지 부족한 것
	22	욥 38:1-7	히 5:1-10	막 10:35-45	대제사장이신 예수 그리스도
	29	욥 42:1-17	히 7:23-28	막 10:46-52	감사하는 삶
11	5	신 6:1-9	히 9:11-14	막 12:28-34	"하나님 사랑, 이웃 사랑"
	12	룻 3:1-5	히 9:24-28	막 12:38-44	교회 생활을 즐겁게 하는 방법
	19	삼상 1:4-20	히 10:11-25	막 13:1-13	희망의 하나님
	26	삼하 23:1-7	계 1:4-8	요 18:33-37	네가 유대인의 왕이냐
12	3	렘 33:14-16	살전 3:9-13	눅 21:25-36	목회자 바울의 심정
	10	말 3:1-4	빌 1:3-11	눅 3:1-6	어느 길에서 생긴 일
	17	습 3:14-20	빌 4:4-7	눅 3:7-18	성경의 사람
	24	미 5:2-5a	히 5:5-10	눅 1:39-55	성탄을 기다리는 마음
	25	사 52:7-10	히 1:1-12	눅 2:1-20	성탄절 메시지
	31	삼상 2:18-26	골 3:12-17	눅 2:41-52	처음과 끝이 되시는 하나님

2007	월	일	제1본문	제2본문	복음서	설교 제목
	1	7	사 43:1-7	행 8:14-17	눅 3:15-22	평화와 통합을 이루는 교회
		14	사 62:1-5	고전 12:1-11	요 2:1-11	"하나의 성령, 다양한 은사"
		21	느 8:1-10	고전 12:12-31	눅 4:14-21	신앙인의 '행복지수'
		28	렘 1:4-10	고전 13:1-13	눅 4:21-30	예수 그리스도의 '신뢰지수'
	2	4	사 6:1-13	고전 15:1-11	눅 5:1-11	말씀에 의지하여 그물을 내리리이다
		11	렘 17:5-10	고전 15:12-20	눅 6:17-26	"살아있는 종교, 창조적인 신앙"
		18	출 34:29-35	고후 3:12-4:2	눅 9:28-36	기독교의 토착화와 교회의 앞날
		25	신 26:1-11	롬 10:8-13	눅 10:8-13	사순절의 의미와 3.1정신
	3	4	창 15:1-12	빌 3:17-4:1	눅 13:31-35	내가 갈 길을 가야 하리니
		11	사 55:1-9	고전 10:1-13	눅 1:1-9	넘어질까 조심하라
		25	사 34:16-21	고전 3:4-14	요 6:22-27	영생하도록 있는 양식을 위하여 하라
		30	시 16	벧전 1:3-9	요 20:19-31	축복신앙과 승리신앙 그리고 성공신앙
	4	1		빌 2:5-11	요 12:12-16	다함께 피어야 봄이지요
		8	사 65:17-25	눅 24:1-12	요 20:1-18	희망의 주 - 부활하신 예수
		15	시 118:14-29	계 1:4-8	요 20:19-31	"해방의 날, 희망의 복음"
		22	시 30	계 5:11-14	요 21:1-19	"평화, 통합, 희망의 공동체"
		29	행 9:36-43	계 7:9-17	요 10:22-30	미래의 물결과 성령의 역사
	5	6	행 11:1-18	계 21:1-6	요 13:31-35	부모의 역할과 가정의 구원
		13	행 16:9-15	계 21:10-22:5	요 14:23-29	성령의 능력 안에 있는 이들
		20	시 97	계 22:12-21	요 17:20-26	사랑의 복음
		27	행 2:1-21	롬 8:14-17	요 14:8-17	성령께서는 소통하게 하신다
	6	3		롬 5:1-5	요 16:12-15	침팬지형과 보노보형의 인간 사이에서
		10	왕상 17:17-24	갈 1:11-24	눅 7:11-17	사람을 살리고 자연을 살리자

월	일	제1본문	제2본문	복음서	설교 제목
	17	욥 36:22-26	행 23:1-11	눅 7:36-8:3	하나님의 보호와 인도하심
	24		갈 3:23-39	눅 8:26-39	화해하는 자가 아름답다!
7	1			눅 9:51-62	그리스도인의 자유는 해방의 도구
	8	사 66:10-14	갈 6:1-16		어떻게 치유할 것인가?
	15	암 7:7-17	골 1:1-14	눅 10:25-37	맥추절을 지킴으로 미래를 열라
	22	암 8:1-12	골 1:14-28	눅 10:38-42	여유와 한가함이 필요한 시대
	29	시 85	골 2:6-15	눅 11:1-130	신뢰가 진정한 힘이다!
8	5	호 11:1-11	골 3:1-11	눅 12:13-21	탐심을 버리라!
	12			눅 12:32-40	믿음으로 이루는 평화통일
	19	사 5:1-7	히 11:29-12:2	눅 12:49-56	예수만 바라보자
	26	사 58:9-14	빌 2:1-11	눅 13:10-17	예수 마음 열린 마음
9	2	잠 25:2-10	히 13:1-8	눅 14:7-14	끝자리에 앉으라
	9	시 139:1-18	빌 1:1-21	눅 14:25-33	예수를 제일 사랑하는 사람들
	16	렘 4:11-28	딤전 1:12-17	눅 15:1-10	하나님의 기쁨에 참여하라
	23	렘 8:18-9:1	딤전 2:1-7	눅 16:1-13	최선을 다하여 기도하라
	30	렘 32:6-15	딤전 6:6-19	눅 16:19-31	회개. 회복. 회생
10	7	애 1:1-6	딤후 1:1-14	눅 17:5-10	성찬의 진정한 의미
	14	렘 29:1-7	딤후 2:8-15	눅 17:11-19	복음은 시장만능주의를 반대한다
	21	렘 31:27-34	딤후 3:14-4:5	눅 18:1-8	자신의 한계를 극복한 여인
	28		딤후 4:6-18	눅 18:9-14	성공이냐 행복이냐
11	4	사 1:10-18	살후 1:1-12	눅 19:1-10	분노를 극복하는 길
	11	욥 19:23-27	살후 2:1-5	눅 20:27-28	예수 제자가 되는 길
	18	말 4:1-3	살후 3:6-13	눅 21:5-19	너희의 인내로 너희 영혼을 얻으리라
	25	렘 23:1-6	골 1:11-20	눅 22:14-30	열두 지파를 다스리는 왕 - 예수그리스도
12	9	사 11:1-10	롬 15:4-13	마 3:1-12	성경은 잘 읽고 바르게 이해해야 한다
	16	사 35:1-10	약 5:7-10	마 11:2-11	예수의 삶과 인권선교
	23	사 7:10-16	롬 1:1-7	눅 2:8-14	우리의 표적
	25	사 52:7-10	히 1:1-4	요 1:1-14	성탄의 의미
	30	사 63:7-9	히 2:10-18	마 2:13-23	지난 한해를 돌아보며

2008	1	6	사 60:1-6	엡 3:1-12	마 2:1-12	맑고 온유한 영성의 신앙인
		13	사 42:1-9	행 10:34-43	마 3:13-17	현실을 극복하는 신앙
		20	사 49:1-7	고전 1:1-9	요 1:29-42	"믿음의 틀, 교회의 틀을 바꾸자"
		27	사 9:1-4	고전 1:10-18	막 10:35-45	성도의 가치관
	2	3	출 24:12-18	벧후 1:16-21	마 17:1-9	우리는 지금 무엇을 선택해야 하는가?
		10		롬 5:12-19	마 4:1-11	사순절에 우리를 아프게 하는 것들
		17	창 12:1-4	롬 4:1-17	마 17:1-9	희망의 행진을 시작합시다
		24	출 17:1-7	롬 5:1-11	요 4:5-42	하나님 선교와 3 · 1정신

월	일	제1본문	제2본문	복음서	설교 제목
3	2	삼상 16:1-13	엡 5:8-14	요 9:1-41	무엇을 하고 있느냐가 중요합니다
	9	겔 37:1-14	롬 8:6-11	요 11:1-45	다시 살아나야 할 것들
	16	사 50:4-9	빌 2:5-11	마 27:11-54	예루살렘에서 골고다까지
	23	렘 31:1-6	행 10:34-43	마 28:1-10	부활과 부활신앙 그리고 그 의미
4	6		벧전 1:17-23	눅 24:13-35	빛과 생명 그리고 믿음의 사람
	13	행 2:42-47	벧전 2:19-25	요 5:1-9	네가 낫고자 하느냐
	20	행 7:55-60	벧전 2:2-10	요 14:1-14	미래를 준비하는 교회
	27	행 17:22-31	벧전 3:13-22	요 14:15-21	예수 안에서 회복하는 방법
5	4	행 1:6-14		요 17:1-11	어떻게 기도할 것인가?
	11	신 6:4-9	고전 12:3-13	마 22:34-40	우리에게 가장 소중한 것
	18	창 1:1-2:4	고후 13:11-13	마 28:16-20	소통과 신뢰의 공동체를 향하여
6	1		롬 1:16-17	마 7:21-29	하늘 아버지의 뜻을 듣고 행하는 자들
	8	창 12:1-9	롬 4:13-25		창조질서를 지키는 사람들
	15	출 19:2-8	롬 5:1-8	마 9:35-10:8	6.15선언과 민족화해
	22	창 1:8-21	롬 6:1-11	마 10:24-39	믿음생활을 잘하는 방법
	29	창 22:1-14	롬 6:12-23	마 10:40-42	여호와 이레를 체험하라!
7	6	아 2:8-13	롬 7:5-25		잘 어울릴 줄 알아야 믿음생활도 잘한다
	13	사 55:6-13	롬 8:1-11		감사할 줄 알아야 복도 받는다
	20	사 44:6-8	롬 8:12-25		하나님!감사합니다
	27	창 29:15-28	롬 8:26-39		마음의 상처를 극복하는 길
8	3	창 32:22-31	롬 9:1-5	마 14:13-21	예수님과 함께 희망을!
	10		롬 10:5-15	마 14:22-33	예수. 해방. 화해. 통일
	17	시 50:14-15		마 15:21-28	감사를 선택하라
	24	출 1:8-2:10	롬 12:1-8	마 16:13-20	복음의 역동성과 우리의 구원
	31	출 3:1-15	롬 12:9-21	마 16:21-28	하나님의 일을 선택하라!
9	7	출 12:1-14	롬 13:8-14	마 18:15-20	두 사람이 합심하여 구하면…
	14	창 50:15-21	롬 14:1-12	마 18:21-35	"추석과 농촌선교, 그리고 교회연합운동"
	28	출 17:1-7	빌 2:1-13	마 21:23-32	두 아들의 비유와 우리의 선택
10	5	출 20:1-17	빌 3:4-14	마 21:33-46	하나님 나라의 열매 맺는 백성
	12	출 32:1-14	빌 4:1-9	마 22:1-14	청함을 받은 자와 택함을 입은 자
	19	출 33:12-23	사 45:1-7	마 22:15-22	거룩하신 하나님
	26		살전 2:1-8	마 22:34-46	사랑과 감사의 신앙공동체
11	2	미 3:5-12	살전 2:9-13	마 23:1-12	예수 안에서 지도자가 되는 길
	9	암 5:18-24	살전 4:13-18	마 25:1-13	정의와 공의를 강물같이 흐르게 할지어다
	16	신 8:7-18	살전 5:1-11	마 25:14-30	충성스러운 종이 되자
	23		엡 1:15-23	마 25:31-46	예수님이 왕이시다
	30	사 64:1-9	고전 1:3-9	마 13:24-37	마지막 때의 의미
12	7	사 40:1-11	벧후 3:8-15	마 1:1-8	세례요한의 사명과 인권선교

월	일	제1본문	제2본문	복음서	설교 제목
	14	사 61:1-11	살전 5:16-24		성서적 종말과 신앙적 삶
	21		롬 16:25-27	눅 1:26-38	위대한 긍정으로 세상을 변화시켜야
	25	사 9:2-7	히 1:1-4	눅 2:8-20	평화의 왕으로 오신 예수
2009 1	4	렘 31:7-14	엡 1:3-14	요 1:10-18	예수의 영이 충만한 교회
	11	창 1:1-5	행 19:1-7	마 1:4-11	"물의 세례, 성령의 세례"
	18	삼상 3:1-10	고전 6:12-20	요 1:43-51	이보다 더 큰 일을 보리라
	25	시 62:5-12	고전 7:29-31	막 1:14-20	예수의 리더십과 사람 낚는 어부
2	1	신 18:15-20	고전 8:1-13	막 1:121-28	권위 있는 새 교훈이로다!
	8	사 40:21-31	고전 9:16-27	막 1:29-39	우리는 어떻게 가르칠 것인가
	15	왕하 5:1-14	고전 9:24-27	막 1:40-45	탐욕과 공포의 시대에 복음의 빛을 발하자
	22	왕하 2:1-12	고후 4:3-6	막 9:2-9	꽃보다 아름다운 사람
	29	렘 33:14-16	살전 3:9-13	눅 21:25-36	희망으로 오시는 주님
3	1	창 9:8-17	벧전 3:18-22	막 1:9-15	회개의 계절을 맞이하여
	8	창 17:1-16	롬 4:13-25	막 8:31-38	복음과 스마트파워의 길
	15	출 20:1-17	고전 1:18-25	요 2:13-22	유월절 어린양과 십자가
	22	민 21:4-9	엡 2:1-10	요 3:14-21	어두움에서 빛으로
	29	렘 31:31-34	히 5:5-10	요 12:20-33	지금 내 마음이 괴로우니
4	5	사 50:4-9	빌 2:5-11	막 15:33-47	고난의 종과 슈퍼스타 예수 그리스도
	12	사 25:6-9	고전 15:1-11	막 16:1-8	부활 사건을 전한 사람들
	19	행 4:32-35	요일 1:1-2:2	요 20:19-31	"부활의 신앙인, 전도하는 교회"
	26	삼상 30:1-17	요일 3:1-7	눅 24:36-48	하나님 여호와를 힘입고 용기를 얻었더라
5	3	행 4:5-12	요일 3:16-24	요 10:11-18	기적을 만드는 사람들
	10	행 8:26-40	요일 4:7-21	요 15:1-8	부성과 모성의 조화가 필요하다
	17	행 10:44-48	요일 5:1-6	요 15:9-17	돌봄의 능력을 갑절로 키우자
	24	행 1:15-26	롬 9:1-3	요 17:6-19	나의 골육이라
	31	행 2:!-21	롬 8:22-27		누가 성령을 받는가
6	7	사 6:1-8	롬 8:12-17	요 3:1-17	삼위일체의 신비
	14	삼상 15:34-16:13	요 21:15-23	막 4:26-34	네게 무슨 상관이냐 너는 나를 따르라
	21	욥 38:1-11	고후 6:1-13	막 4:35-41	화해자 - 주의 종을 돕는 사람들
	28	창 26:12-17	고후 8:7-15	막 5:21-43	샘터 부흥
7	5		고후 12:2-10	막 6:1-13	하나님은 어떠한 존재인가?
	12		엡 1:3-14	막 6:14-29	오!신실하신 주
	19	삼하 7:1-14	엡 2:11-22		궁궐의 잔치와 빈들의 잔치
	26	창 18:1-21	엡 4:17-32	마 7:7-20	소유냐 관계냐
8	2	삼하 11:26-12:13	엡 4:1-16	요 6:24-35	하나됨을 향하여
	9	왕상 19:1-8	엡 4:25-5:2	요 6:35-51	생명의 떡을 먹는 사람들
	16	왕상 3:3-14	엡 5:15-20	요 5:1-58	한반도가 생명으로 충만하게 되는 길

월	일	제1본문	제2본문	복음서	설교 제목
	23		엡 6:10-20	요 6:56-69	인내와 승리의 면류관
	30		약 1:17-27	막 7:1-8	예수와 바리새인의 차이점
9	6	잠 22:1-9	약 2:1-17	막 7:24-37	예수님의 병고침과 성령의 열매
	13	잠 1:20-33	약 3:1-12	막 8:27-38	나의 책망을 듣고 돌이키라
	20	시 1	약 3:13-4:3	막 9:30-37	성경적 교육과 제자훈련
	27	시 24	약 5:13-20	막 9:38-50	타인을 위한 삶
10	4	욥 2:1-10	히 2:5-12	막 10:2-16	하나님 우리를 축복하소서
	11		히 4:12-16	막 10:17-31	인내하면서 함께 갑시다.
	18	사 53:4-12	히 5:1-10	막 10:35-45	무엇을 구하며 살고 있는가?
	25	렘 31:7-9	히 7:23-28	막 10:46-52	믿음으로 구원받는다.
11	1	룻 1:1-18	히 9:11-14	막 12:28-34	시련 속에서도 감사하는 신앙
	8		히 9:24-28	막 12:38-44	아름다운 배려의 삶
	15	삼상 1:4-20		막 13:1-8	기도의 여인 한나
	22	삼하 23:1-7	계 1:4-8	요 18:33-37	하나님 나라의 왕 예수 그리스도
	29	렘 33:14-16	살전 3:9-13	눅 21:36	희망으로 오시는 주님
12	6	말 3:1-4	빌 1:3-11	눅 3:1-6	세례요한과 인권선교
	13	사 12:2-6	빌 4:4-7	눅 3:7-18	성령과 불로 세례를 베푸신 예수 그리스도
	20	미 5:2-5a	히 10:5-10	눅 1:38-45	희망으로 오시는 주님
	25	사 9:2-7	딛 2:11-14	눅 2:1-14	인간의 몸으로 오신 하나님
	27	삼상 2:18-26	골 3:12-17	눅 2:41-52	그리스도의 평강이 너희 마음을 주장하게 하라

	월	일	제1본문	제2본문	복음서	설교 제목
2010	1	3	사 60:1-6	고전 15:1-11	요 1:10-18	하나님의 은혜가 풍성한 교회
		10	사 43:1-7	행 16:6-10	눅 3:15-22	건너와서 우리를 도우라
		17	사 62:1-5	고전 12:1-5	요 2:1-11	가나의 혼인 잔칫집에서 생긴 일
		24	느 8:1-10	고전 12:12-31	눅 4:14-21	"말씀의 교회, 한몸된 교회, 희년공동체"
		31	렘 1:4-10	고전 13:1-13	눅 4:21-30	사랑과 믿음의 상관관계
	2	7	사 76:1-13	고전 15:1-11	눅 5:1-11	하나님의 말씀과 하나님의 은혜
		14	출 34:29-35	고후 3:12-4:2	눅 9:28-36	예수께서 기도하실 때에 일어난 일
		21	신 26:1-11	롬 10:8-13	눅 4:1-13	성령이 이끄시는대로
		28	창 15:1-17	빌 3:17-4:1	눅 13:31-35	"예수정신과 3·1정신, 그리고 우리의 선택"
	3	7	사 55:1-9	고전 10:1-13	눅 13:1-9	하나님을 알라! 하나님께로 돌아오라!
		14	수 5:9-12	고후 5:16-21	눅 15:1-32	둘째와 첫째 사이에서
		21	사 43:16-21	빌 3:4-14	요 12:1-8	주님께 헌신한 사람들
		28	사 50:4-9	빌 2:5-11	눅 23:1-49	예수께서 예루살렘에 입성하실 때에
	4	4	행 10:34-43	고전 15:19-26	요 20:1-18	예수부활의 여러 증인들
		11	행 5:27-32	계 1:4-8	요 20:19-31	믿음의 자전거 타기
		18	행 9:1-6	고후 5:11-21	요 21:1-19	화해의 은총을 나누라
		25	행 9:36-43	계 7:9-17	요 10:22-30	기쁨과 즐거움이 넘치는 교회

월	일	제1본문	제2본문	복음서	설교 제목
5	2	행 11:1-18	계 21:1-6	요 13:31-35	너희도 서로 사랑하라
	9	행 16:9-15		요 14:23-29	나의 평안을 너희에게 주노라
	16	행 16:16-34	계 22:12-21	요 17:20-26	"아버지께서 내 안에, 내가 아버지 안에"
	23	행 2:1-34	롬 8:14-17	요 14:8-17	성령강림과 웨슬리 회심
	30		롬 5:1-5	요 16:12-15	하나님과 화평을 누리자
6	6	왕상 17:8-24	갈 1:11-24	눅 7:11-17	뜨거운 영의 사람
	13	왕상 2:1-21	갈 2:15-21	눅 7:36-8:3	향유를 붓는 예배를 드리자
	20	왕상 19:1-15	갈 3:23-29	눅 8:26-39	바알에게 무릎을 꿇지 아니한 칠천명
	27	왕하 2:1-14	갈 5:13-25	눅 9:51-62	충성하는 믿음 - 순교신앙
7	4	사 66:10-14	갈 6:1-16	눅 10:1-20	하나님의 나라가 가까이 온 줄을 알라
	11	암 7:7-17	골 1:1-14	눅 10:25-37	누가 강도 만난 이의 이웃인가?
	18	암 8:1-12	골 1:15-28	눅 10:38-42	마르다와 마리아 이야기
	25	호 1:2-10	골 2:6-15	눅 11:1-13	기도에 대한 몇가지 진실
8	1	호 11:1-11	골 3:1-11	눅 12:13-21	삼가 모든 탐심을 물리치라
	8	사 1:10-20		눅 12:32-40	큰 믿음의 사람들
	15	사 5:1-7	히 11:29-12:2	눅 12:29-56	고난과 해방의 역사의식
	22	렘 1:4-10	히 12:18-29	눅 13:10-17	은혜 입은 자의 책임감
	29	렘 2:4-13			예수 공동체로 거듭나다
9	5	렘 18:1-11	신 30:15-20	눅 14:25-33	예수의 제자
	12	출 32:7-14	딤전 1:12-17	눅 15:1-10	왜 연합해야 하는가?
	19	암 8:4-9a	딤전 2:1-7	눅 16:1-13	그래도 꿈을 꾸는 사람이 필요하다
	26		딤전 6:6-19	눅 16:19-31	청년과 교회 그리고 재물
10	3	합 2:1-4	딤후 1:1-14	눅 17:5-10	명령받은 것을 다 행한 후에
	17	렘 31:27-34	딤후 3:14-4:5	눅 18:1-8	기독교인이 인생을 살아가는 방법론
	24	욜 2:23-32		눅 18:9-14	"하나님, 진실로 감사드립니다."
	31			눅 19:1-10	종교개혁의 깃발을 높이 들고
11	7	학 1:15b-2:9		눅 20:27-38	하나님에 대한 호기심과 설레임
	14	사 65:17-25	살후 3:6-13	눅 21:5-19	지혜의 사람
	21	렘 23:1-6	골 1:11-20	눅 23:33-43	공감시대의 예수닮기
	28	사 2:1-5	롬 13:11-14	마 24:36-44	빛의 갑옷을 입자
12	5	사 11:1-10	롬 15:4-13	마 3:1-12	"평화, 꿈을 현실로!"
	12	사 35:1-10	약 5:7-10	마 11:2-11	길이 참고 마음을 굳건하게 하라
	19	사 7:10-16	롬 1:1-7	마 1:18-25	신앙생활을 어떻게 할 것인가
	25	사 9:2-7	딛 2:11-14	눅 2:1-14	"빛으로, 평화로, 생명으로 오신 주"
	27	사 63:7-9	히 2:10-18	마 2:13-23	주의 크신 은혜라

2011	1	2	렘 31:7-14	엡 1:3-14		신령한 복을 누리십시오
		9	사 41:1-9	행 10:34-43	마 3:13-17	"빛의 자녀들, 어둠의 자녀들"

월	일	제1본문	제2본문	복음서	설교 제목
	16	사 49:1-7	고전 1:1-9	요 1:29-42	예수 그리스도 안에서 '나' 만들기
	23	사 9:1-4	고전 1:10-18	마 4:12-23	나를 따라오라
	30	미 6:1-8	고전 1:18-31	마 5:1-12	"십자가의 길, 천국의 길"
2	6	사 58:1~9a	고전 2:1~12	마 5:13~20	그리스도인의 행복은 어디에 있을까?
	13	신 30:15~20	고전 3:1~9	마 5:21~37	예수께서 말씀하신 생명의 교훈
	20			마 5:38~48	하나님이 온전하심 같이 너희도 온전하라
	27	사 49:8-16a	고전4:1~5	마6:24~34	3·1절 정신을 회복하자
3	6	출24:12~18	벧후 1:16~2	마17:1~9	'변화산 사건' 따라하기
	13		롬 5:12~19	마4:1~11	'시험'은 누구에게나 있다.
	20	창12:1~4a		요3:1~17	새롭게 다시 시작하기 - 예수 프로그램
	27	출 17:1~7	롬 5:1~11	요4:5~42	생명의 샘물을 퍼가세요
4	10	겔 37:1~14	롬8:6~11	요11:1~45	눈물을 흘리시는 예수님
	17	마 21:1~11	사 50:4~9a	마26:14~46	예루살렘에서 한주간 생긴일
	24	행 10:34~43	골 3:1~4	마26:14~46	갈릴리로 가라
5	1		벧전 1:3~9	요20:19~31	부활은 새로운 시작이다
	8		벧전 1:17~23	눅24:13~35	성도의 길과 부모의 길
	15	출8:9-10	벧전 2:19~25	요 10:1~10	개구리들과 하루 더
	22	행7:55~60	벧전 2:2~10	요 14:1~14	증인으로서의 삶
	29	행17:22~31	벧전3:13~22	요14:15~21	성령이 함께 하시는 신앙생활
6	5	행 1:1~11	엡 1:15~23	눅24:44~53	주님의 승천과 미래의주인
	12	요일 5:1~8	고후 13:11~13	마28:16~20	성령과 물과 피의 삼위일체 신앙
	19	요일 5:1~8	고후 13:11~13	마28:16~20	이 셋은 합하여 하나이니라
	26	창 22:1~14	롬 6:12~23	마 10:40~42	민족화해를 실천하는 제자들
7	3	창 24:34~38	롬 7:15~25a		해냄!감사할 뿐입니다.
	10	창 25:19~34	롬 8:1~11		공평하신 하나님!
	17	창 28:10~19a	롬 8:12~25		하나님과 교통하고 성도간에 교통하라
	24	창 29:15~28	롬 8:26~39		거듭남(중생)의 의미
8	13		롬 10:5~15	마 14:22~33	예수님을 잘 믿는 방법
	14	창 45:1~15		마 15:21~28	우리를 들어 사용하시는 하나님!
	21	출 1:8~2:10	롬 12:1~8	마 16:13~20	하나님은 교회를 사랑 하신다.
	28	출3:1~15	롬 12:9~21	마 16:21~28	하나님은 세계를 다스리신다.
9	4	출 12:1~14	롬 13:8~14	마 18:15~20	복음의 토착화 - 우리식대로 믿자
	11	출 4:19~31	롬 14:1~12	마 18:21~35	감동하고 감탄하고 감사하라
	18	출 16:2~15	빌 1:21~30	마 20:1~16	믿음으로 헌신하는 사람이 복을 받는다.
	24	출 17:1~7	빌 2:1~13	마 22:23~32	젊은이여! 예수의 마음을 가지라!
10	2		빌 3:4b~14	마 21:33~46	"그리스도의 몸과 피, 성찬신학을 세우자"
	16	출 33:12~23	살전1:1-10	마 22:15~22	하늘로부터 강림하시는 예수
	23	신 34:1~12	살전2:1~8	마 22:34~46	지난 세월을 되돌아 보며

월	일	제1본문	제2본문	복음서	설교 제목
	30	수 3:7~17	살전2:9~13	마 23:1~12	무엇을 개혁할 것인가?
11	6		살전4:13~18	마 25:1~13	임박한 종말론과 예수 재림
	13	삿 4:1~7	살전5:1~11	마 25:31~46	동반자 예수
	20		엡 1:15~23	마 25:31~46	지극히 작은자 하나에게 관심을!
	27	신8:7~18	고전1:3~9	막 13:24~37	"긍정의 언어, 희망의 신앙"
12	4	사40:1~11	벧후 3:8~15a	막 1:1~8	성경과 신자생활
	11	사61:1~4	살전5:16~24		예언적 설교를 멸시하지 말라!
	18	눅1:47~55	롬16:25~27	눅1:26~38	교회의 일꾼에게 주시는 말씀
	25	사 52:7~10	히 1:1~4	눅2:8~20	큰 기쁨의 좋은 소식을 전하노라!

월	일	제1본문	제2본문	복음서	설교 제목
1	1	전 3:1~13	계 21:1~6a	요1:1~18	'생명의 공동체' 를 위하여!
	8	창 1:1-5	행 19:1-7	막 1:4-11	세례요한의 등장과 세례의 의미
	15	삼상 3:1-10	고전 6:12-20	요 1:43-51	몸을 사랑합시다! 교회를 사랑합시다!
	22		고전 7:29-31	막 1:14-20	부름 받은 자의 길
	29	신 18:15-20	고전 8:1-13	막 1:12-28	믿음이 무엇일까요?
2	5	사 40:21-31	고전 9:16-23	막 1:29-39	"새벽 아직도 밝기 전에, 한적한 곳으로 가사 "
	12	왕하5:1-14	고전 9:24-27	막 1:40-45	누가 상을 받을 것인가?
	19	열왕기하 2:1-12	고후 4:3-6	막 9:2-9	하나님을 만난 사람들
	26	창 9:8-17	벧전 3:18-22	막 8:31-38	삼일운동과 기독교 지도자들
3	4		롬 4:13-25	막 8:31-38	십자가를 연습하라
	11	출 20:1-17	고전 1:18-25	요 2:13-22	'숨' 과 '섬' 과 '쉼' 의 신학
	18	민 21:4-9	엡 2:1-10	요 3:14-21	진정성이 있는 대화
	25	렘 31:31-34	히 5:5-10	요 12:20-33	내가 이를 위하여 이때에 왔나이다.
4	1	사 50:4-9a	빌 2:5-11	막 14:1-11	예루살렘에서 있었던 4가지 사건들
	8	행 10:34-43	고전 15:1-11	막 16:1-11	사망권세 이기시었다!
	15	행 4:32-35	요한1서 1:1-2:2	요 20:19-31	한 몸 공동체를 향하여
	22	행 3:12-19	요한1서 3:1-7	요5:1-9	일어나 걸어가라
	29	행 4:5-12	요한1서 3:16-24	요 10:11-18	"선한 목자, 예수 그리스도"
5	6	행 8:26-40	요일 4:7-21	요 15:1-8	5월
	13	행 10:44-48	요일 5:1-6	요 15:9-17	복음적 가정을 위하여
	20	행 1:15-17	요일 5:9-13	요 17:6-19	복음과 요한웨슬리
	27	행 2:1-21	롬 8:22-27		성령께서 인도하시는 교회
6	3	사 6:1-8	롬 8:12-17	요 3:1-17	삼위일체 신앙으로 전진하는 기독교인!
	10	삼상 8:4-20	고후 4:13-5:1	막 3:20-35	하나님의 뜻대로 행하는 사람
	17	삼상 15:34-16:13	고후 5:14-17	막 4:26-34	민족화해에 앞장서는 교회
	24	삼상 17:32-49	고후 6:1-13	막 4:35-41	희생과 헌신의 신앙으로 하나됩시다.
7	1	삼하 1:17-27	고후 8:7-15	막 5:21-43	맥추절과 감사신앙
	8		고후 12:2-10	막 6:1-13	그리스도의 선한 일꾼이 되자

월	일	제1본문	제2본문	복음서	설교 제목
	15	삼하 6:1-5	엡 1:3-14	막 6:14-29	우리들의 교회
	22	삼하 7:1-14	엡 2:11-22		예수님은 우리를 치유하신다
	29	삼하 11:1-15	엡 3:14-21	요 6:1-21	나니 두려워하지 말라
8	5	삼하 11:26-12:13a	엡 4:1-16	요 6:24-35	"하나님의 떡, 생명의 떡"
	12	삼하 18:5-9	엡 4:25-5:2	요 6:241-51	떡을 나누어 형제애를 회복하자
	19		엡 5:15-20	요 6:51-58	세월을 아끼라 때가 악하니라
	26		엡 6:10-20	요 6:51-58	떠나가는 사람들
9	2	아 2:8-13	약 1:17-27		몸 살림의 신학
	9			막 7:24-37	에 바 다
	16	잠 1:20-33	약 3:1-12	막 8:27-38	하나님의 일과 사람의 일 사이에서 선택하라!
	23	잠 31:10-31		막 9:30-37	청년이여! 도전하라!
	30		약 5:13-20	막 9:38-50	희망과 긍정의 신앙
10	6			막 10:17-31	영생으로 가는 길
	14		히 4:12-16	막 10:13-16	당신은 소중한 존재입니다
	21	욥 38:1-7	히 5:1-10	막 10:35-45	자연 속에 함께 하시는 하나님
	28		히 7:23-28	막 10:35-45	네게 무엇을 하여 주기를 원하느냐
11	4	룻 1:1-18	히 9:11-14	막 12:28-34	건강한 신앙생활
	11		히 9:24-28	막 12:38-44	믿음과 헌금생활
	18	삼상 1:4-20		막 13:1-8	사람의 미혹과 성령의 대응
	25	삼하 23:1-7	계 1:4b-8	요 18:33-37	예수 그리스도께서 왕이시다
12	2	렘 33:14-16	살전 3:9-13	눅 21:25-36	항상 기도하며 깨어 있으라
	9	말 3:1-4	빌 1:3-11	눅 3:1-6	웨슬리와 인권선교
	16	습 3:14-20	빌 4:4-7	눅 3:7-18	신앙생활에서도 선택이 중요하다
	23	미 5:2-5a	히 10:5-10	눅 1:39-45	축복합니다!
	25	사 52:7-10	히 1:1-4	요 1:1-14	말씀이 육신이 되어
	30		골 3:12-17	눅 2:41-52	발상의 전환으로 난관을 돌파하자!

**민중과 함께 한
샘터교회 30년**

2013년 4월 15일 인쇄
2013년 4월 20일 발행

지은이 샘터교회 30년사 편찬위원회
펴낸곳 도서출판 동연
펴낸이 김영호
기   획 정진용
편   집 강민호
디자인 이도윤
관   리 전영수

등   록 제2-1383호 (1992. 06. 12.)
주   소 서울시 마포구 망원동 472-11
전   화 02-335-2630
팩   스 02-335-2640
이메일 dongyeonpress@gmail.com

Copyright ⓒ 샘터교회, 2013

이 책의 내용을 쓰고자 할 때는 저작권자와 출판사의 허락을 받아야 합니다.
책값은 뒤표지에 나와 있습니다.
잘못된 책은 바꾸어 드립니다.

ISBN   978-89-6447-196-8   02230